JN440106

# 스무 살 마음 죽을 때까지

노하라 스미레 지음 | 김정화 옮김

와우라이프 WOWlife

스무 살 마음
죽을 때까지

**발행일** · 2010년 11월 8일 초판 인쇄
**저　자** · 노하라 스미레
**역　자** · 김정화
**발　행** · 와우라이프
**출　판** · 와우라이프
**본문 디자인** · 포인
**표지 디자인** · 포인

**주　소** · 서울 마포구 연남동 223-102호 유일빌딩 3층
**전　화** · 02) 334-3693
**팩　스** · 02) 334-3694
**등　록** · 제406-2009-000095호
**e-mail** · nausica@wowbooks.kr
· mumongin@wowbooks.kr
**홈페이지** · www.wowbooks.kr
**ISBN** · 978-89-963688-1-6　12040

**정　가** · 12,000원

# 스무 살 마음

# 죽을 때까지

## 차 례

## Part 06
## 간병을 한다는 것, 받는다 것 ... 191



## Part 07
## 가족과의 만남과 이별 ... 219

Part 08

## 죽음을 준비하다

## 옮긴이의 글

직장 생활을 하는 여성이든 전업주부든 노후를 생각하면 막연하고 불안합니다. 그 불안은 이유야 여러 가지일 테지만, 경제적인 불안, 몸과 마음의 건강, 가족 문제 등을 꼽을 수 있을 겁니다.

생활하기도 빠듯하지만 노후를 위해 푼돈이라도 모아야겠고, 다른 가족에게 민폐를 끼치지 않기 위해서라도 건강관리도 해야겠고, 이래저래 일그러진 가족들 문제도 해결해야 하는 게 다 여자들 몫입니다.

그렇다고 옛날처럼 자식에게 기대할 수도 없는 노릇이고, 직장 동료, 친구들과 미래 이야기를 나누다 보면 희망이라고는 없어 보이기도 합니다. 그래서 서점에 나가 책이라도 찾아보면 주로 노후 경제 설계가 중심이 되어 있습니다. 그래서 다른 재테크 책을 읽을 때와 비슷한 벽을 느낄 뿐입니다.

이 책은 우리보다 앞서 고령화 사회를 맞고 있는 일본의 선례를 살펴보면서 배울 것은 미리 배우고 준비했으면 좋겠다는 의도에서 기획되었습니다. 경제적인 측면

뿐 아니라 일상의 마음가짐에서 인간관계 네트워크, 건강, 시간 보내기, 죽음의 준비에 이르기까지 두루 다루고 있습니다. 세세하다 못해 사소하기까지 하다는 느낌도 받았지만 번역을 하면서 노후에 대한 막연함이 조금은 잡힐 듯도 하고 많은 생각을 하게 했습니다.

특히 저자는 결국에는 여자 혼자 남는다는 대전제를 두고 여성 독자에게 저자의 경험을 들려줍니다. 저자는 간병의 경험과 요양시설의 경험, 그리고 고령화 사회를 돕는 모임 '무지개회' 활동을 통해 나오는 목소리는 구체적이고 아주 실제적입니다.

돈이 많지 않아도 외롭지 않은 노후를 보낼 방법을 제안합니다. 결국은 사람입니다. 사람이 희망이고 사람들과 더불어 만들어 가는 노후를 고민해봅니다. 노후는 결코 회색빛이 아닙니다. 어떻게 준비하고 어떻게 마음먹느냐에 따라 저마다 달라집니다.

우리나라는 학교를 졸업하고 난 뒤에는 사회 차원에서 제공하는 교육이 부족합니다. 온전히 개인의 몫이지요.

결혼도 육아도 갱년기를 맞을 때도 알아야 할 것도 많고 익혀야 하는 것도 많아 몸과 마음이 너무나 힘듭니다. 그런데 이 과정을 오로지 주위 사람들의 조언으로 배우고 버텨갑니다. 노후 역시 예외는 아닙니다. 몸과 마음의 준비가 되지 않은 상태에서 노후를 맞으면 노후는 우울할 수 있습니다. 노후 준비는 노후에 시작해서는 안 됩니다. 그런데 세상이 달라져 노후 준비에 대해 조언해줄 사람이 별로 없습니다. 이 책이 그런 조언 역할이 되어 줄 거라 생각합니다.

## 들어가는 말

# 결국에는 혼자 남는다

나는 요코하마 '간호보험 심사회'의 심사의원으로 일하고 있습니다. '간호보험 심사회'는 요양보험을 적용할 때 이용자가 어느 정도의 간호가 필요한지를 심사하는 기관입니다.

이 심사회에서 배부된 자료를 보면 나이가 들면 '결국은 혼자 남는다'는 사실을 잘 알 수 있습니다. 그 자료에 따르면 고령자들의 삶은 '입원 중', '노인시설 이용', '독거', '부부 2인 가족'이라는 네 가지 형태가 전체의 60%를 차지하는데 그 중에서도 '독거'의 비율이 가장 높았습니다. 부부 둘만 사는 가족은 배우자가 사망하면 결국 혼자 남게 되므로 잠재적인 '독거'의 형태라고 볼 수 있습니다. 독거노인이 증가한데는 여러 가지 원인이 있겠지만, 아무튼 이것이 고령사회의 현실입니다.

옛날에는 일흔 살을 고희(古稀)라 하여 장수를 축하했지만 요즈음은 누가 나이 일흔에 고인이 되었다는 소식을 들으면 '아직 젊은데…' 라며 아쉽게 생각합니다. 90, 100세를 넘기시는 부모님들이 드물지 않고 또 그들 자녀 세대 역시 고령화하고 있습니다.

간호가 필요한 부모님이 계신데 자신의 건강을 유지하기도 벅차서 부모님을 돌보아 드릴 여력이 없는 경우도 있습니다. 이러한 추세는 앞으로도 점차 증가하여 자녀가 부모보다 먼저 세상을 떠나는 일도 적지 않을 거라 생각합니다.

아직은 충분히 인생을 즐길 수 있는 건강한 독자 여러분. 아직 사랑과 보호가 필요한 시기지만 부득이 홀로 지내야만 하는 상황이 올 수 있습니다. 이 사실을 직시하고 하루라도 빨리 혼자서도 안심하고 살아갈 수 있는 방법을 강구합시다. '결국에는 혼자 남는다' 는 현실을 긍정적으로 받아들입시다. 지금까지 남편을 위해, 자식을 위해 살아왔던 인생에서 벗어나 자유롭게 자신의 책임과 의지

로 인생을 보낼 수 있는 시기가 찾아왔습니다. 기뻐합시다. 준비되어 있다면 걱정도 사라집니다. 체력과 판단력이 있는 지금이 미래를 준비할 수 있는 기회입니다.

단 한번뿐인 인생을 온전히 즐기려면 늦었다고 후회하기 전에 나의 노년을 어떻게 보낼 것인지 목표를 세웁시다. 지금까지의 모든 경험과 연륜을 잘 활용하여 안정과 보람 그리고 행운으로 가득 찬 노후를 손에 넣어야 하지 않겠습니까?

바로 오늘부터! 장밋빛 노후를 향하여!!

# Part 01

# '노후의 싱글 라이프'를 맞이하며

1
# 결국 여자 혼자 남는다

**늙은 부부는** 마지막에는 여자 혼자 외롭게 남게 마련이라고 말하면, "아니, 왜 이렇게 비관적으로 생각하세요?"라고 힐난하는 사람이 많을지도 모르겠습니다. "그런 소리 마세요. 자식도 있고 손자도 있는데 혼자라니…"라고 말하며 자신만만한 분도 있을 겁니다.

"지금까지 아이들 키우랴, 집안일 하랴 고생만 했으니 앞으로는 자식들이랑 남편한테 그만큼 보상을 받아야죠."라고 말하는 분들의 기분도 충분히 이해가 갑니다.

그러나 초유의 저출산, 고령화가 문제가 더욱 심화되고 있는 상황이라 그렇게 생각처럼 쉽지만은 않을 것 같습니다.

부모님 간병이 끝나고 한숨 돌리기 무섭게 남편 간병이 이어집니다. 동시에 두 사람을 간병해야만 하는 경우도 드물지 않습니다. 그렇지만 간병해야 하는 본인도 체력과 기력이 점차 쇠해가는 상황입니다. 만약 당신이 쓰러진다면 누가 당신을 보살펴 줄까요?

## 2
## 그 누구에게도 의지하지 않기

**아무리** 노후가 불안하다 하더라도 가능하면 자식들 신세는 지고 싶지 않은 게 부모 마음입니다. 어느 날 갑자기 부모가 신세를 지겠다고 들이닥치면 자식들에게 큰 부담이 될 뿐입니다. 그렇다면 긴 세월 함께 해 온 남편은 의지 대상이 될까요? 더더욱 아닙니다. 남편이란 사람은 아내를 남겨 놓고 먼저 저세상으로 가 버리기 십상이지요. 게다가 국가도 의지할 대상이 못 됩니다. 아시다시피 연금은 받을 수 있을지 없을지도 불투명하고, 이리 저리 제도가 바뀌는 요양보험 역시 불안하기는 매 한가지입니다. "그렇담 우리 여자들 노후는 정말 희망이 하나도 없다는 거예요? 도대체 뭐가 장밋빛 노후라는 거죠?"라는 말도 나오는 것도 당연합니다. 노후가 어두컴컴한 암흑의 시대가 되느냐, 빛나는 제2의 청춘시대가 되느냐는 당신 손에 달려 있습니다. '내손으로 만들어 가는 장밋빛 노후'가 바로 이 책에서 제안하고자 하는 것입니다.

## 3
## 내 노후는 내가 연출한다

'무슨 큰일이 생기면 가족이나 국가에서 어떻게든 해주겠지.' 라며 안심하고 있다가 실제 상황에 닥쳐 그렇지 못하면 그때 받는 충격은 상상할 수 없을 정도로 큽니다. 일이 닥쳤을 때 여러분에게 충분한 체력과 판단력이 남아 있으리라는 보장도 없습니다. 그렇기 때문에 건강한 지금, 앞으로 혼자되었을 때의 상황을 구

체적으로 그려보고 확실하게 준비해야 합니다. 키워드는 '내가 연출하는 나의 노후'

누구나 한번쯤은 혼자 살아보고 싶다는 꿈을 꿉니다. 그러니 이왕 닥치게 될 일, 미래를 꿈꾸는 소녀처럼 설레는 마음으로 남은 인생을 설계합시다. 그 기나긴 여정은 당신 하기에 따라 장밋빛이 될 수도 회색이 될 수도 있습니다.

자, 이제 새로운 인생의 서막이 올랐습니다. 당신은 연출가이자 각본가이며 동시에 주연입니다.

## 4
## 자식들이 품을 떠날 때를 준비하라

부모는 언제까지 아이들을 책임져야 할까요? 최근에는 자녀가 성인이 되어도 계속 부모의 도움을 받는 일이 적지 않다고 하기는 합니다만, 일반적으로 '초등학교 입학할 때까지', 또는 '스물이 될 때까지' 등 어느 정도 일단락을 맺게 되는 시점이 있습니다. 아무래도 편하게 한 숨 돌리려면 자녀가 결혼을 해서 독립된 삶을 살게 되는 시점이 아닐까요. 자녀들로부터 완전히 해방되어 제2, 제3의 인생을 만끽하기 위해서는 마음가짐이 필요합니다. 바로 '꿈과 품격'이지요.

'여생'이라는 말에는 앞으로 삶이 지난 삶의 나머지 삶이라는 식의 부정적인 뜻이 담겨 있습니다. 이따위 생각은 버립시다. 긍정적인 마음으로 꿈과 희망을 품고 살아간다면 반드시 멋진 인생 무대에 설 수 있습니다. '이 나이에 하면 뭘 하겠어?'라는 생각으로 포기하지 마시길 바랍니다. 다시 공부하기, 동호회 활동하기, 취미 즐기기 등 길은 얼마든지 있습니다. 좋아하는 일을 열심히 하다보면 새로운 꿈과 목표가 하나 둘씩 마음속에 떠오를 것입니다. 이런 활동은 몸과 마음에 모두 좋은 영향을 줍니다. 소년, 소녀처럼 밝은 미래를 꿈꾸며 인생을 즐기십시오. 새로운 일에도 자꾸 도전해 봅시다. 그러다보면 자연스럽게 밖으로 나

가고 싶은 마음이 듭니다. 자금에 여유가 있다면 여행도 떠나 봅시다. 미지의 세계에 대한 기대는 가슴을 설레게 합니다.

이렇게 새롭게 인생을 개척할 방법은 얼마든지 있습니다. 잘 될 거라는 긍정적인 마음으로 도전해 봅시다. 용기를 내서 시작해 보는 것이 돌다리만 두드리다가 건너지 않는 것보다 더 낫습니다.

## 5
## 꿈을 향한 도전, 나이는 중요하지 않다

**컴퓨터가** 하드웨어와 소프트웨어로 구성되어 있다는 것은 여러분도 잘 알고 계실 겁니다. 사람한테 비유하면 신체는 하드웨어이고 사고나 감정은 소프트웨어입니다. 아무리 최첨단 고가 기계라도 소프트웨어가 없으면 작동하지 않습니다. 사람도 마찬가지입니다. 100미터를 9초대에 달릴 수 있는 능력이 있다 하더라도, 실행하고자 하는 정신 작용이 없다면 실현될 수 없습니다. 그러나 신체 기능은 다소 약하더라도 강한 의지가 있다면 무슨 방법이 있습니다. 나이가 들면 정신력과 체력 모두 약해지는 게 자연스럽습니다. 체력에는 한계가 있고 아무리 운동을 열심히 해도 젊은 시절 체력을 바랄 수는 없습니다. 그러나 정신력은 나이의 영향을 적게 받는다고 생각합니다. 지금까지 강한 정신력이 건강에 해롭다는 말은 들어 보지 못했습니다.

## 6
## 도전정신은 항노화제

C씨는 80세에 미국으로 퀼트 유학을 간 파워우먼입니다. 남편과 사별하고 혼자가 된 뒤 얼마 지나지

않아 유학을 결심했습니다. 당연히 주위의 맹렬한 반대에 부딪혔습니다. 그러나 C씨의 의지는 강했고 흔들리지 않았습니다. 오랜 세월 간직했던 꿈을 이루기 위해 그녀는 미국에서 1년간 홈스테이 생활을 했습니다. 현지 미술관을 돌며 앤티크 퀼트를 관람하고 새로운 기술을 배우면서 나이를 의식하지 않고 활기차게 일상을 보냈다고 들었습니다. 90세를 넘긴 지금도 자원봉사로 퀼트를 가르치고 있다고 합니다. 그녀는 웃는 얼굴과 분위기가 너무도 사랑스러운 여성입니다.

"당신한테는 미안하지만 꼭 가야겠어요. 내 평생 꿈이라니까요." D씨는 72세에 간신히 남편의 동의를 얻어서 캐나다로 유학을 떠났습니다. "내가 죽거든 가."라는 남편의 말에 "내가 먼저 죽을지 누가 알아요. 허락 안하고는 못 베길 테니까 두고 봅시다."라며 위협했었다고 웃으며 이야기했습니다. 1년 동안 캐나다 문화와 영어를 익히고 귀국한 D씨는 캐나다 친선대사를 자칭하며 친구들과 캐나다 여행을 기획하기도 하고, 통역과 가이드로 일하면서 열심히 생활하고 있습니다. 그녀의 남편은 "당신이 잘 된 건 다 내 덕분 아니겠어?"라며 으스댄다고 웃으면서 이야기해 주었습니다.

프로 레슬링 선수인 안토니오 이노키(アトニオ猪木)가 이런 말을 했습니다. '사람은 나이가 들어서 늙는 것이 아니라, 전진과 도전을 멈출 때 늙는다.'

## 7
## 노후는 제2의 소녀시대

어릴 때는 누구나 꿈을 꾸며 언젠가는 꿈을 이루리라고 결심합니다. 그러나 집안 형편이나 일, 가사와 육아에 허덕이는 사이 어느새 꿈은 잊고 맙니다. 드디어 나만의 시간이 생긴 지금이야말로 꿈을 실현할 수 있는 기회입니다. 다시 한 번 기억의 한편으로 밀려나 있는 꿈을 꺼내보는 것은 어떨까요. 물론 이제 와서

뮤지컬 배우나 스포츠 선수를 해보고 싶다는 꿈은 이룰 수 없습니다. 그러나 소극장 무대에 서기, 날씬한 몸매 만들기, 또 외국어 배우기 등은 충분히 실현할 수 있는 꿈입니다. 중요한 것은 꿈을 갖는 것이며 그 꿈을 실현하고자 노력하는 의지입니다. 이것만으로도 노화 진행 속도는 아주 느려질 수 있습니다.

68세의 E씨는 소녀시절부터 동경해왔던 발레리나를 목표로 발레를 배우기 시작했습니다. 고령에다 오른쪽 다리 상태가 좋지 않은데도 말입니다. 그녀는 발레를 배우기 전에 네 번이나 발을 헛디뎌 계단에서 넘어진 적이 있었습니다. 그때마다 관절을 다쳐 인대가 늘어났고, 그 후유증으로 발끝으로 제대로 서는 것도 쉽지 않습니다. 그녀는 "자꾸 넘어진 건 다리가 약했기 때문이었어. 발레를 배워서 다리를 튼튼하게 단련시키고 싶었다고."라며 발레를 시작한 이유를 설명했습니다.

친구들은 "제정신이야? 그만둬. 근육이 다치든가 골절이라도 되면 걷지도 못하고 어떡하려고 그래?"

라며 냉정하게 말했지만 E씨의 의지는 변하지 않았습니다.

어느 날 그녀는 내게 "당신에게만 말하는 건데……."라며 진지한 얼굴로 이야기를 시작했습니다. "4년 후에는 무대에 설 거야. 그때는 꽃다발 들고 보러 와야 돼. 꼭이야."라며 당당하게 말했습니다. 놀라서 벌어진 입을 다물지 못하는 내게 "발레란 말이야, 단단한 근육이 붙은 다리로 하반신을 고정시키고 상반신을 새처럼 자유롭게 해방시키는 운동이야. 스포츠가 예술로 승화된 거라고나 할까."라며 이미 발레리나가 된 것처럼 말했습니다.

자칫 잘못하면 "그것 봐요. 내 그럴 줄 알았다니까." 라며 웃음거리가 될 수도 있는데도 불구하고 목표를 향해 자신만만하게 도전하는 그녀의 모습은 분명 빛났습니다. 그 의지가 참으로 장하고 배우고 싶습니다.

8

# 대학에 가자

"어느 잡지에 이런 기사가 난 걸 읽었는데, 정년퇴직한 남성들한테 여생 동안 하고 싶은 걸 꼽으라고 했더니 첫째가 시골에 가서 사는 거였고, 그 다음이 다시 한 번 대학에 다녀보는 거래요." 주간지에 난 기사를 소개하던 A씨는 "그런데 배우는 게 남자들의 전유물은 아니잖아요? 여자도 아이들한테서 해방되면 파리고 런던이고 어디든 갈 수 있어요. 대학, 아니 대학원이라고 못가겠어요?"라며 다소 불만스럽게 말했습니다. 고개를 끄덕이며 듣고 있던 B씨는 "그렇긴 하지만 아무리 사회인을 대상으로 하는 대학이라도 시험은 있을 테니까 쉽지 않겠지요."라며 A씨의 말에 단호하게 대답했습니다. 그러나 "배우고 싶다는 의지만 있으면 청강생도 될 수 있고 방송통신대, 사이버대학 강의도 들을 수 있어요. 요새는 그런 대학을 쉽게 찾을 수 있으니까. 왜 대학에 들어오고 싶은지 리포트를 써서 학비만 내면 입학은 그냥 된대요. 요즘은 대학마다 학생이 부족해서 환영이라니까요."라고 말하는 A씨의 조사 결과는 상당히 구체적이었습니다.

그러던 어느 날 C씨(67)로부터 "올해 대학생이 되었습니다."라는 내용의 편지가 도착했습니다. 깜짝 놀라 전화를 하니 "나 말예요, 옛날부터 역사에 흥미가 있었어요. 역사 그 자체보다는 등장하는 인물이 좋아서요. 마침, 나라(奈良)대학에서 낸 『나라(奈良에서 나라(奈良)의 역사를 배우는 사치를 누려보지 않겠습니까?』라는 광고 문구를 봤어요. 알아보니까 통신교육생을 모집한다고 하기에 한걸음에 달려갔지요." 그녀는 애써 평온하게 이야기하려 했지만 수화기를 통해 그녀의 흥분이 전해져 왔고 기뻐하는 모습이 저절로 그려졌습니다.

봄, 여름, 그리고 겨울 방학 때는 학교에서 오프라인 수업이 있다고 합니다. 지난번 연극 관람 수업 때는 앞에서 세 번째 줄 특석에 앉아 강의를 들었는데 꼭 무대 안으로 빨려 들어갈 것 같았답니다. 현장학습

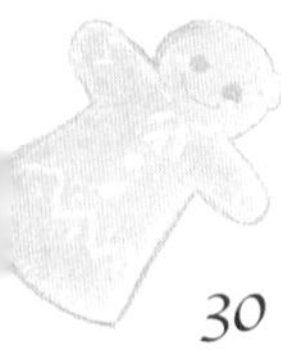

을 갈 때면 역사 현장에서 설명하는 교수의 강의에 열성적으로 귀를 기울인 것은 물론입니다. 천도 1300년 기념제를 앞두고 복원공사가 한창인 헤죠쿄(平城京, 710년부터 784년까지 현재의 나라(奈良) 시가의 서쪽 교외에 있었던 도읍. 옮긴이 주:)의 다이고쿠덴(大極殿, 천황이 정무를 보던 정전)을 바라보면서 주작문(朱雀門, 헤죠쿄 황궁 남쪽에 있는 가장 중요한 문. 옮긴이 주:)을 지나갑니다. 당시에는 이곳으로 이민족들은 물론 낙타, 코끼리도 지나갔었겠지요. 그때 주작대로는 얼마나 번성했었을까, 상상하면서 걸어갑니다. 이런 감동을 공감할 수 있는 벗이 옆에 있으니, "여기가 바로 오토모노 야카모치(大伴家持, 718-785, 나라(奈良)시대의 정치가, 가인(歌人). 그의 시(歌)가 가집(歌集) 만엽집(万葉集)에 다수 실려 있으며 만엽집의 편찬자 중의 한사람으로 알려짐. 섬세하고 유려한 시풍으로 만엽집 후기를 대표하는 사람. 옮긴이 주)도 왔던 곳이래. 정말 대단하지? 이런 게 바로 행복 아니겠어?"라며 즐겁게 이야기꽃을 피웁니다.

수업이 끝나면 주변 사찰이나 문화유산을 거닐기도

하면서 때마침 찾아 온 봄을 만끽했다고 합니다. 오프라인 수업 마지막 날에는 손자를 학교로 데려가 즐거운 시간을 보냈다는 이야기도 전해 주었습니다. 나는 C씨가 부러워 "뭐, 손자요? 이왕이면 젊은 남자 친구면 좋았을걸. 여자는 남자한테 인기가 없으면 재미없는데."라며 그만 놀려 주고 말았습니다. 학생증으로 할인 혜택을 받을 수 있고, 또 요금의 반만 내도 되는 곳도 많아서 기분이 좋다고 합니다. 개중에는 "할머니, 대학생이시라니 멋지시네요."라며 존경해마지 않는(?) 젊은이도 있어서 '너무 좋다', '재밌다', '행복하다' 라는 말을 입버릇처럼 달고 다니며 늘 생글생글 웃습니다. 사람들이 "학비는 어디서 나나요?"라고 물으면 "그거야 장례식 비용, 병원비용으로 쓰려고 모아 둔 비상금에서 꺼내 쓰면 되지요. 인생, 지금 즐기지 않으면 언제 즐깁니까!"라고 대답한다고 합니다.

돈, 보석, 모피 죽을 때 가져갈 수 있는 것은 아무 것도 없습니다. 가장 좋은 건 지옥에서든 천국에서든 지루하지 않게 재미있는 추억을 한 아름 가져가 쾌활하게 지내는 겁니다.

## 9
## 60세에 시작하는 창업, 빛과 그림자

나이 60이면 정년퇴직했거나 슬슬 집안일에서 손을 놓아도 되는 시기이지만, 무언가 새로운 일을 시작하고 싶어 하는 분들도 있습니다. 회사를 만들어 사업을 해보면 어떨까요? 물론 집안일을 하면서 할 수 있는 개인적인 일도 나름대로 좋겠지요. 하지만 배운 것과 가진 돈을 총동원해서 대규모 사업으로 발전시키려면 창업이 가장 유리합니다. 좋은 조력자만 있다면 주부들이 모여 회사를 만들 수도 있습니다. 잘되면 상장까지 이루는 것도 불가능한 꿈은 아닙니다.

우리나라의 경우, 최근에는 국가적 차원에서 청년

실업과 고령화 사회의 문제 해결 방안으로 개인 창업을 지원하는 움직임이 활발하게 일고 있습니다. 중소기업청에서는 개인이 자신의 경험과 기술을 살려 창업할 수 있도록 지원하는 '1인 창조기업', '시니어+50세대 창업자육성지원' 등의 창업지원 사업을 펼치고 있습니다. 또한 소상공진흥회에서도 창업인들을 위한 대출, 컨설팅 지원을 하고 있습니다.

✲ 도움이 될 만한 홈페이지
- 중소기업청 창업넷 www.changupnet.go.kr
- 아이디어 비즈뱅크 www.ideabiz.or,kr

하고자 하는 의지만 있다면 주변에서 알고 있는 사법서사나 노무사와 잘 상담해 보시기 바랍니다.

최근, 안이하게 자기파산하는 회사가 곧잘 눈에 뜨이는데 회사는 규모가 커지면 커질수록 그만큼 경영자의 사회적 책임도 커진다는 것을 명심해 둡시다.

나는 몇 년 전, 집에서 가족들을 간호하는 분들을 위한 쉼터를 만들고자 한 적이 있었습니다. 잘 아는 간호사분들과 간병인, 그리고 노인시설직원들과 함께

『소규모다기능시설』이라는 생각으로 회사를 창립하고자 했습니다. 데이케어 간병인, 터미널 케어로 간호하는 사람들을 지원하고 언젠가는 참여한 사람들도 그 혜택을 볼 수 있도록 하는 것이 사업의 주된 개요였습니다.

그러나 조성금을 확보하기 위해 해당 관공서를 찾아가 전문가에게 문의와 상담을 했지만 여러 가지 어려움에 부딪혔습니다. 생명을 다룬다는 중대성, 재원 문제, 그리고 요양보험 사업자에게 적용되는 엄격한 조건 등의 난관에 봉착했습니다. 그러자 창립하고자 하는 의지는 꺾이고 무너져 허탈했습니다.

60세는 고령도 아니지만 결코 젊은 나이도 아닙니다. 젊은 시절부터 품어 왔던 꿈에 도전하는 것은 좋은 일입니다. 그러나 아무리 인생 마지막 기회라고 해도 가지고 있는 돈과 정열 모두를 걸고 창업하는 건 어려운 일입니다. 뒤늦게 '이러려고 시작한 게 아니었는데'라며 후회하지 말고 창업 전에 반드시 대차대조표를 만들어, 창업을 했을 경우와 하지 않았을 경우를 냉정하게 검토하는 자세야 말로 꼭 필요하다고 할 수 있겠습니다.

10

## 여행은 교양의 원동력

이 나이에 무슨 대학이며, 새롭게 공부하는 것도 귀찮게 여겨진다면 가벼운 마음으로 여행을 떠나보는 것은 어떨까요? 뜻이 맞는 친구와 떠나도 좋고, 혼자 떠나는 여행도 괜찮습니다. 외국도 좋고 국내도 좋습니다. 그러나 그저 둘러보는 식의 유람이 아니라 확실하게 주제가 정해진 여행을 추천하고 싶습니다. 흔히 말하는 테마여행이지요. 예를 들어 『역사유적지 탐방』이나 『문학기행』, 『알려지지 않은 오솔길 여행』 등입니다. 이렇게 주제가 정해진 여행은 당연히 사전 공부가 필수입니다. 예비지식이 없으면 그 장소에 선들

아무런 감동이 없습니다. 아무것도 모른 채 파리의 바스티유 광장에 들어서면 흔하디흔한 광장에 불과하지만, 그곳이 1789년 프랑스 혁명이 일어난 장소이며 거기서 프랑스 역사는 물론 인류 역사가 바뀌었다고 생각한다면 감동은 배가 될 것입니다.

마찬가지로 프랑스 남부를 여행하다가 해바라기가 지천으로 펼쳐지는 풍경을 보고 단순히 그 아름다움에 감동하는 것도 나쁘지는 않지만 화가 고흐를 연상하며 그의 비극적인 생애를 생각해 보는 것이야말로 여행의 참맛이 아닐까요.

그리고 테마를 가지고 떠나는 여행에 고향 탐방을 넣어 보면 어떨까요. 사람이란 특히나 만년에 접어들면 고향이 각별히 그리워지기 마련입니다. 어려서 고향을 등진 사람도 병상에 눕게 되면 더욱 절실하게 그리워지는 것이 산 맑고 물 맑은 고향 산천입니다. '고향이 그리워도 못가는 신세'라는 노랫말이 있지만, 고향이란 이룬 것이 없어도 내세울 것이 없어도 갈 수 있는 곳입니다.

자신의 뿌리와 부모님의 추억, 그리고 선대의 이야기를 찾아 고향을 여행하는 것은 어떨까요? 서두르지 않으면 생생하게 많은 것을 증언해줄 마을 어르신을 만나지 못할지도 모릅니다.

나는 어머니의 고향을 취재하기 위한 여행을 계획하고 있습니다. 어머니의 선조 가운데 한 분이 탄원이 금기시 되던 에도(江戸)시대에 소작료를 약탈당하는 농민의 고통을 그냥 볼 수 없어 탄원하다가 효수형에 처해진 분이 있다는 말을 들었습니다. 책으로 정리할 능력은 없을지도 모르지만 그 몇 대 전 할아버지를 하루라도 빨리 만나고 싶어 갈 날만 기다리고 있습니다.

그러나 일주일 이상 걸리는 외국 여행을 떠나려면 먼저 건강이 첫 번째 조건입니다. 만약 혼자 떠났는데 잘 알지도 못하는 사람들 틈에서 아프기라도 하면 정말 큰일입니다. 조금이라도 건강이 불안하다면 가까운 벗과 가는 것이 가장 좋습니다. 마음이 맞고 취미가 같은 사람들과 가는 여행처럼 좋은 것도 없습니다.

11

# 노후에는 책을 읽자

**나이가** 들어 갈수록 지적인 사람, 이 얼마나 멋진 일입니까. 그러기 위해서는 우선 좋은 책과 만나야 합니다.

우리나라의 경우, 먼저 요 몇 년 동안 베스트셀러들 가운데 가족과 자신의 상처를 돌보는 여성 작가의 책이 눈에 띕니다. 신경숙의 '엄마를 부탁해', 공지영의 '네가 어떤 삶을 살던 나는 너를 응원할 것이다' 그리고 심리학 붐을 일으켰던 김혜남의 '서른 살이 심리학에게 묻다' 를 추천합니다.

또한 우리 고전을 읽어보자는 의견에도 대찬성입니다. 여고시절 날이 새는지 모르고 읽었던 '왕비열전' 이나 '조선왕조실록', 사도세자의 부인인 혜경궁홍씨가 쓴 '한중록', 연암 박지원의 '열하일기' 를 새롭게 고쳐 쓴 고미숙의 '열하일기', 같은 저자의 '임꺽정 길 위에서 펼쳐지는 마이너리그의 향연' 등을 읽어보는 것은 어떨까요. 현대어로 새로 고쳐 쓴 책이라도 좋고 새롭게 해석한 책들도 좋습니다.

최근에는 그저 관광이 아닌 테마가 있는 여행이 주목을 받고 있습니다. 더 이상 설명이 필요 없는 유홍준 교수의 '나의 문화유산 답사기', 최근 제주 올레로 유명세를 타고 있는 서명숙의 '제주 걷기여행' 도 좋습니다. 미술에 관심이 있는 사람이라면 시인 최영미가 유럽의 미술관을 돌며 쓴 '시대의 우울', 그 속편인 '화가의 우연한 시선' 도 좋습니다.

의욕이 넘치는 분께는 시오노 나나미(塩野七生, 이탈리아에 거주하면서 서구 고대에서 근대 이르는 역사소설을 다수 집필. 옮긴이 주)의 『로마인이야기』도 좋겠습니다. 작년 드디어 완결되었는데 시간을 들여 읽고 싶은 대작입니다.

재미있는 역사 대하소설로 말하자면 황석영의 '장길산'이나 조정래의 '태백산맥' '아리랑' '한강' 등 고난의 연속이었던 한국 근현대사를 읽어보는 것도 좋습니다. 그 속에 어김없이 나와 우리 가족사를 찾아

볼 수 있을 겁니다.

또한 요즘에는 젊은 시절 가슴을 설레며 읽었던 외국의 명작들이 새롭게 번역되어 속속 출판되고 있습니다. 도스토예프스키의 『카라마조프의 형제들』, 스탕달의 『적과 흑』 등이 나와 있습니다. 최근 저작권이 풀려 각 출판사에서 출판되고 있는 쌩떽쥐베리의 『어린왕자』를 다시 한 번 읽는 것은 어떨까요? 또, 다시 읽기를 추천하는 책은 미첼의 『바람과 함께 사라지다』, 에밀리 브론테의 『폭풍의 언덕』, C브론테의 『제인 에어』, 올컷의 『작은아씨들』, 몽고메리의 『빨강머리 앤』, 엔데의 『모모』, 『네버엔딩스토리』도 있습니다. 그리고 특이한 이야기로 베스트셀러가 된 쿠로야나기 테츠코의 『창가의 토토』도 있습니다. 베스트셀러라고 하면 세계적인 베스트셀러 『해리 포터』를 빼놓을 수는 없겠지요.

사람에 따라서는 거의 손도 대지 않기도 하지만 만화도 소설 못잖게 재미있습니다. 고우영이 쓴 역사 만화 '삼국지' 나 '십팔사략', 허영만의 '식객'이나 '꼴'

등은 영화나 드라마로 만들어질 정도로 인기가 좋습니다. 어린 시절 빠져 읽던 일본 만화 '베르사이유의 장미'도 추천할 만합니다.

어느 책이든 책을 선택하는 것은 자신의 취향에 맞게 스스로 선택하는 것이 가장 좋습니다.

## 12
## 외국에서 살아 보는 것은 어떨까?

**부모님과** 남편이 모두 고인이 되거나 이혼을 하면 당연히 여자 혼자 남게 됩니다. 자식들마저 모두 독립해서 떠나고 나면 부모가 나서서 해야 할 일이 거의 없습니다. '이제 이 하늘 아래 아무도 내 곁에 없구나. 지금부터 어떻게 살아야 하나?' 하는 자문이 마음속에 피어오릅니다. 남편과의 추억을 되새기며 열심히 취미 생활에 몰두할 수도 있겠지요. 자원봉사 활동, 콘서트 관람, 친구와 떠나는 여행도 다 좋지만, 모든 것을 훌훌 털어 버리고 외국에서 사는 것도 나쁘지 않겠다는 생각이 들지는 않습니까?

체력이 허락한다면 물가가 싼 동남아시아는 어떨까요? 국내에서 연금만으로 생활하는 것과는 비교할 수 없는 풍요로운 생활이 가능합니다. 꿈의 섬 하와이인들 마음만 먹으면 못 가겠습니까. "나이 들어 저 푸른 바다에 발도 담그고 아름다운 석양을 바라볼 수 있는 삶을 선택할 수 있다면 그것도 좋지 않을까?"라는 생각이 들 수도 있습니다.

언젠가 타이, 말레이시아, 인도네시아를 여행한 적이 있었는데, 그곳들은 물가가 쌀 뿐만 아니라 사람들도 웃는 얼굴에 정겨워서 좋았습니다. 음식도 익숙해지면 괜찮겠다는 생각이 들었습니다. 식재료가 워낙 싸고 풍부해서 입에 맞는 음식을 스스로 만들어 먹는 것도 좋을 것 같았습니다.

하와이는 물가가 비싸서 국내와 크게 다르지 않지만 전체 분위기가 즐기면서 사는 느낌이라서 좋습니다. 그래서 일본 노인들 가운데는 추운 겨울에서 꽃가루가 심하게 날리는 봄까지 하와이에서 지내는 사람이 많다고 합니다. 유료 노인시설도 매우 충실한 편이고 외국인이 들어갈 수도 있습니다. 몇 년 전에 견학을 갔던 한 시설은 식사를 2종류 중에서 선택할 수 있었고, 입에 맞는 것이 없으면 추가 요금 없이 주문할 수도 있었습니다. 디저트 케이크도 여러 종류가 준비되어 있어 마치 디저트 뷔페에 온 것 같았습니다. 직원은 웃는 얼굴로 맞이하여 주었고 우리들 질문에 "이 레이디께서는, 이 젠틀맨께서는" 하면서 친절하게 설명해 주었던 기억이 좋은 인상으로 남아 있습니다. 시설에 들어와 있는 사람들 인종 구성은 매우 다양했습니다. 그들의 복장도 티셔츠에서 공주 풍까지 인종만큼이나 가지각색이었습니다. 역시나 미국은 다르구나 하는 생각이 들었고, 그들의 밝은 성품에 동화되어 더불어 즐거워졌던 기억이 납니다. 이용료는 한 달 기준으로 200만 원쯤이었던 것으로 기억합니다. 만약 여러분 중에 실제로 하와이에서 살아 보겠다고 결심한 분이 계시다면, 사전에 충분히 검토한 뒤 결정을 내렸을 것이라고 믿습니다.

그러나 아무리 하와이가 편하고 좋아도 영주(永住)하지는 말고 즐길 만큼 즐기다가 귀국하는 방법을 추천합니다. 실은 하와이에서 영주권을 취득하여 살고 있는 조카딸이 있습니다. 사람들이 부러워하는 사장 사모님이었지만 우여곡절을 겪은 끝에 4명의 자녀와 함께 하와이로 건너가 살고 있습니다. 자녀들은 모두 독립하여 지금은 혼자 살기에는 너무 넓은 수영장 딸린 저택에서 개 2마리와 함께 살고 있습니다. 60대에 접어든 그녀는 애완동물과 관련된 일을 하면서 충실하게 일상을 보냅니다. 휴일에는 친구들과 다이빙이나 마작 등을 즐긴다고 합니다. 조카 이야기에 따르면, 나라를 떠나 하와이에 온 사람들도 나이가 들면 고향을 그리워하고 고향 음식을 찾게 되더라는 것입니다.

노인 시설에 들어와 편안하게 노후를 보내던 사람이라도 치매가 오면 하와이에서 살았던 사실은 까맣

게 잊고 고향에서 있었던 일만 기억한다고 합니다. 조카는 "그분들이 고향으로 돌아가겠다고 헤매고 다닐까봐 걱정이에요."라고 말했습니다. 제 나라에 있어도 치매가 오면 고향집에 가고 싶다며 배회하는 사람이 많습니다. 그러니까 딴 나라에서 회귀 본능이 나타난다고 해서 이상할 것은 없겠지요.

이런 일이 있었습니다. 치매에 걸린 시어머니를 잠시 동안만 노인시설에서 모시기로 하고 입소 수속을 하는데 갑자기 시어머니가 "집에 갈 거야, 집에 갈 거야."하며 소동을 부리더니 제 옷소매를 쥐어 잡고 "이 여자가 나를 팔아넘기려고 해!"라고 소리쳤습니다. 시어머니는 막무가내로 나오셨고 할 수 없이 포기하고 집으로 돌아 왔습니다. 집 현관에 지쳐 쓰러진 내게 시어머니는 "이봐요, 아주머니. 지금 잠자고 있을 때가 아니잖아요. 어서 날 집에 데려다 줘."

시어머니가 가고 싶은 집은 바로 고향집이었다는 사실을 그때 깨달았습니다. 100세 가까운 연령이신데도 고향에 가면 자신을 키워 주셨던 부모님이 건재하여 자신을 따뜻하게 맞아 주리라 믿고 계셨던 것입니다. 나는 시어머니가 가여워서 가슴이 뜨거워졌습니다. 젊은 시절 고향을 떠나 친척들과 교류도 별로 없었던 분이었지만 모든 기억을 잊었어도 고향을 향한 그리움만은 남아 있었던 것입니다. 집에 가야한다며 소란을 일으키는 시어머니를 고향에 모시고 가고 싶다는 내게 남편은 "시부야하고 요코하마도 구별 못 하는 사람을 데리고 가서 어떻게 하려고. 쓸 데 없는 짓 말아요."라며 막았습니다. 그래도 나는 "친정어머니가 같은 처지라면 난 돈을 꾸어서라도 모시고 가겠어요. 나한테는 시어머니라고 해서 다르지 않아요. 나중에 후회하며 나 자신을 원망할 일은 만들고 싶지 않으니 모시고 갑시다." 이렇게 설득하여 100세의 시어머니를 모시고 어머니의 고향인 토호쿠에 갔습니다.

시어머니는 그리운 고향 풍경과 역 이름을 보고 잠시 흥분하는가 싶더니, 얼마 지나지 않아 좋아하기는커녕 곁에 있는 증손자에게 폭언을 퍼붓더니 폭력마저 휘두르려 했습니다. 그리운 고향은 좋은 추억만 있

었던 건 아닌 모양이었습니다. 그 순간 슬픈 추억이 갑자기 떠올랐던 게 아니었을까요. 이런 일은 누구에게나 있을 수 있는 일입니다. 우리는 희로애락이 얽히고설킨 인생을 살고 있으니까요.

시어머니가 여행에서 지치지 않았던 이유는 몸이 건강했던 것도 있지만 보통사람과 달리 새로운 기억이 축적되지 않고 옛 기억은 훼손되지 않았기 때문이라고 추측해 봅니다. 결국 고향 방문은 남편 말 대로였습니다. '고향은 멀리 두고 생각만 하는 것'이라는 인식을 새롭게 배우게 된 여행이었습니다.

본론으로 돌아와서 당신이 과거와 결별하고 혼자 외국에 가려 한다면, 그곳이 아무리 편하고 마음에 들었다고 하더라도 영주하려는 생각은 삼가는 게 좋다는 말씀을 드리고 싶습니다. 앞에서 드린 이야기를 참고해서 건강할 때 몇 년 동안만 꿈에 그리던 외국 생활을 해보는 것에 그치는 것이 현명합니다. 어느 신문 칼럼에서 영국에서 노후를 보내고 있는 사람에 관한 글을 읽은 적이 있습니다. 그 노인은 젊은 시절 영국으로 건너가 정착하여 살았는데 희한하게도 나이가 들어가면서 점차 영어를 잊어버리게 되더라는 내용이었습니다. 이국에서 맞는 노후의 현실이 어떤 것인지 그 칼럼에서 조금이나마 알 수 있었습니다.

## 13
## 노후의 품위란

불의를 보고 참지 않는다는 것은 남자에게만 해당되는 이야기는 아닙니다. 전철에서 두 사람이 앉을 수 있는 자리를 혼자 차지하고는 눈앞에 노인이 서 있어도 태연하게 앉아 있는 젊은이를 보면 주의를 줍시다. 큰소리로 떠드는 여학생들, 바닥에 앉아 승객에게 피해를 주는 남학생들에게 주의를 주는 것도 나이 든 사람들 몫이라고 생각합니다. 그들이 "이 할머니가 남일에 웬 간섭이야!"라며 덤벼들어 급소라도 쳐서 죽으면 어떡하느냐고요? 오히려 좋은 일이지요. 젊은이들을 깨우치려다가 죽게 된다면 뉴스가 될 것이고 그러면 보고도 못 본 척하는 이 사회에 일침을 가할 수 있습니다. 다소 극단적인 예를 들긴 했지만, 아무튼 젊은이들에게 주의를 주는 것도 나이 든 사람의 본분입니다. 단, 이 주의는 자기의 이기심이나 자기 편하고자 하는 투정이어서는 안 됩니다. 이는 가만히 있는 것보다 더 꼴불견이지요.

세상이 뭔가 이상하게 돌아가고 있다는 생각이 들면 망설이지 말고 말합시다. 엽서나 팩스, 이메일 등 투고할 방법은 많습니다. 말해 본들 아무 소용없다며 강 건너 불구경이나 하고 있으면 세상은 조금도 달라지지 않습니다. 헛수고로 끝날지언정 용기를 내어 발언하는 용기가 당신의 품위를 높이고, 또한 당신을 빛나게 합니다.

14
# 노후의 품위를 떨어뜨리는 행동

**존경하는** 편집자 한 분이 어느 날 "시로야마 사부로(城山三朗, 1927-2007, 소설가. 경제소설의 개척자. 전기소설로 국민작가라는 평가를 받음. 역사소설도 다수. 옮긴이 주)씨가 유감스럽게도 얼마 전 타계하셨죠. 그분의 작품 가운데 국철총재를 지낸 이시다 레스케(石田禮介)의 생애를 그린 걸작 『가진 것 없어도 당당하라』라는 책이 있는데, 저는 이 제목이 정말 좋습니다."라고 열띤 모습으로 말했습니다. "인간은 다소 거칠거나 세련되지 못할 수 있다. 때로는 그것이 매력이 될 수도 있다. 그러나 결코 비굴해서는 안 된다. 나이가 들어가면서 이 말을 늘 명심하고 있습니다."라고도 하고 또 "별로 대단한 이야기는 아닙니다만, 제가 잘 가는 찻집 여사장님의 말에 의하면 손님 중에 나갈 때 설탕이나 크림을 집어 가는 사람은 늘 할머니들이라는 겁니다. 찻값을 냈으니 무슨 상관이냐고 하면 할 말은 없지만 정말 창피한 일이죠."라고 덧붙였다.

이야기를 듣는 동안 나는 마치 내가 지적을 받은 것 같아 얼굴이 벌게 졌습니다. 설탕을 집어 오는 일은 없지만 자유롭게 쓰도록 놔둔 티슈나 메모지, 화장품 샘플이 있으면 반드시 챙깁니다. 하나로 족할 것을 두 개, 세 개씩 챙기고 여행갈 때 꼭 필요하다며 친구 몫까지 가져옵니다. 결국에는 다 쓰지도 못하고 쓰레기통으로 들어갑니다.

뷔페에 가서도 마찬가지입니다. 이것저것 모두 먹어 보고 싶어 접시 한가득 담아 와서는 매너가 아니라는 걸 알면서도 남기고 맙니다. "세상에는 굶는 아이들도 있는데."라고 반성하며 다음부터는 조심하자고 결심하지만 제대로 지켜지지 못했던 점이 마음 깊이 부끄럽습니다. 자기변명을 하고자 하는 것은 아니지만 아이들이 어렸을 때 적은 돈으로 살림을 꾸리다 보니 100원이라도 싸게 물건을 사려고 악착을 떨었던 습관이 뼛속까지 박혀있나 봅니다. 그래서 얻기 힘든 물건을 보거나 하면 "이건 여기서 꼭 건져야 해."라는

주부 근성이 여지없이 드러납니다.

아무리 생활비가 넉넉하지 않더라도 이런 행동은 그만둡시다. 또 무료로 승차하는 지하철도 연간 막대한 세금이 쓰인다는 사실을 알고 감사하는 마음으로 탑시다. 나이 들어가면서 필요한 것은 비굴함이 아니라 품위니까요.

## 15
## 뜻 있는 젊은이를 지원하자

나이 들어가면서 젊은이를 통해 자신의 꿈을 실현시키는 방법도 있습니다. 귀한 뜻을 품은 사람을 위해, 또 그러한 회사를 위해 도움이 되는 활동을 하거나 창업하는 젊은이들의 열정을 응원하는 것도 훌륭한 도전 정신입니다. 자금원조만이 응원이 아닙니다. 조언을 해주거나 피곤해 보이면 맛있는 밥 한 끼 사주거나 영화라도 한 편 보라고 위로할 수도 있습니다. 대단한 노력이야, 괜찮아 꼭 잘 될 거야, 고생을 보상받을 날이 올 거야 등의 말을 해주며 어머니의 마음으로 격려해 줄 수 있습니다. 젊은이들의 정열과 마음을 공유할 수 있는 조력자가 되어 보는 것은 어떻습니까?

## 16
# 멋을 부리고 나서 보자

최근 '은둔형 외톨이'라는 말을 종종 듣습니다. 은둔형 외톨이들은 대낮에 일어나서 게임이나 인터넷에 열중하다가, 배가 고프거나 화장실 갈 때만 방에서 나온다고 합니다. 초등학생이나 중학생이 아니라 30세, 40세 한창 일할 나이에도 은둔형 외톨이가 적지 않다고 하니 정말 걱정입니다. 부모가 아직 건재하니까 이런 생활이 가능하겠지만 부모가 죽으면 어떻게 할 생각일까요. 남의 일이라고 무관심하게 있을 수만은 없습니다.

은둔형 외톨이를 취재한 어느 텔레비전 방송을 보았는데 그들의 표정에서 전혀 생기가 느껴지지 않았습니다. 밖으로 나와 신선한 공기를 마시고 정보를 접하며 사람과 이야기를 나누는 것이 얼마나 중요한 일인지 새삼 실감할 수 있었습니다. 건강하고 에너지가 넘쳐야할 젊은이가 이 정도이니 노인들도 주의할 필요가 있습니다. 나이가 들면 몸이 아파서, 숨이 차서, 기력이 없어서, 사람과 잘 사귀지 못해서 등 여러 가지 핑계로 집안에 틀어 박혀 지내기 쉽습니다.

내가 알고 있는 N씨는 정년퇴직 후에도 패션 관계 일을 계속 해왔습니다. 일의 성격상 그녀는 옷 입는 감각이 뛰어나서 적어도 자기 나이보다 10년은 젊어 보이는 사람이었습니다. 그녀가 일에서 완전히 물러난 것은 70세를 눈앞에 두었을 때였습니다. 그 후 1년이 지나 그녀를 만났는데 나는 충격을 받았습니다. 젊고 멋진 분위기는 온데간데없고 외려 자기 나이보다 늙어 보이기까지 했습니다.

그 뒤로 영화나 쇼핑을 함께 가자고 하며 가능한 그녀를 밖으로 데리고 나오기 위해 노력했습니다. 다행히 그녀는 그때마다 옷을 맵시 있게 차려입고 나왔고 표정도 활기에 넘쳤습니다.

방에 틀어 박혀 사람과 만나지 않으면 자신도 모르는 사이에 몸도 마음도 늙어 버리고 맙니다. 건강해지는 가장 쉬운 방법은 한껏 멋을 부리고 밖으로 나와서 사람과 만나고 대화를 나누는 것입니다. 잊지 마십시오.

## 17
## 언제 어디서나 외모관리를

단정한 옷차림은 외출할 때뿐만 아니라 집에 있을 때에도 해당됩니다. 갑작스럽게 찾아오는 손님을 맞

이할 수 있도록 신경 씁시다.

사람들이 부러워할 정도로 멋쟁이인 W(70)씨가 세수도 하지 않은 채 잠옷 차림으로 뒹굴고 있는데 현관 벨이 울렸습니다.

'뭐, 괜찮겠지.' 하는 마음에 문을 열었는데 늘 오는 택배 배달 직원이었습니다. 그런데 그가 "주인아주머니 앞으로 왔지만, 그냥 할머니가 받으셔도 되죠? 여기 서명해주세요." 했다는 겁니다. 그때 그녀는 당황하지 않고 능숙하게 "마침 본인이 집에 없어서."라고 말해서 위기를 모면했다고 합니다. 어쨌든 들키지 않았으니 체면은 유지했다며 웃으며 말했습니다. 언제 어디서든 누구에게라도 보일 수 있도록 외모에 신경 써야겠습니다.

한편, 옷차림은 때와 장소에 걸맞아야 합니다. 어느 의류 메이커 선전 문구에서 '옷은 인격이다.'라고 했습니다. 결혼식에는 예복을, 신년회라면 밝은 느낌의 옷을 선택합니다. 송년회에는 보통 캐주얼 분위기가 어울리는데 장소가 개인 집인지 호텔인지에 따라 다소 달라집니다. 장소에 맞게 선택 하되, 2% 부족한 느낌이 바람직합니다. 과도한 치장은 좋지 않습니다. 품위가 떨어져 보일 뿐, 좋은 인상을 주지 못합니다.

18

## 노후의 품위를 유지하는 12가지 팁

1. 주변을 배려하는 마음가짐

항상 주변 분위기를 파악하고 자신을 지나치게 드러내지 않으면서 바르게 처신해야 합니다. 자기 기분대로 행동하면 품위가 없어 보입니다. 타인의 개인적인 영역에 침범하거나 쓸데없는 참견을 하는 것은 큰 실례입니다.

2. 아름다운 말을 쓰자

상대와의 관계를 고려하여 그에 어울리는 말을 사용하도록 주의합시다. 아무렇게나 유행어를 쓰면 품

위가 없어 보입니다. 아이들이 쓰는 유행어 등을 무분별하게 쓰지 않도록 합시다.

3. 늘 미소를 잃지 말자

밝은 미소와 친절한 말씨는 품위 있는 여성의 절대 조건입니다. 주변 사람들이 무뚝뚝한 노인 얼굴을 좋아할까요? 아기가 보면 무서워서 울음을 터뜨릴지도 모릅니다. 미소도 거울 앞에서 연습하면 더 잘 할 수 있습니다. 밝은 미소는 주변 사람을 기분 좋게 만들어 주고 사람들 사이 관계에서 윤활유 역할을 합니다.

4. 몸가짐은 품위 있게

이런 말이 있습니다. '사고는 서양식으로, 행동은 동양식으로' 또, '남성처럼 생각하고 여성처럼 행동하자' 라는 말도 있습니다. 예스인지 노인지 결단은 신속하고 냉정하게, 그러나 몸가짐은 품위와 매력을 잃지 않아야겠습니다.

5. 아름답게 돈 쓰기

자신을 위한 음식이나 옷, 이익을 위해서는 아낌없

이 돈을 쓰면서 어려운 이들에게 조건 없이 기부하는 것에는 인색한 사람 역시 품위가 결여된 사람 중의 하나입니다. 진심으로 마음이 우러나지 않을지라도 소비의 어느 한 부분에서 조금 떼어 내어 기부해 봅시다. 이러한 의지는 여러분의 마음을 풍요롭고 아름답게 해줄 뿐만 아니라 자신감마저 줍니다.

### 6. 75세가 되기 전에 감투를 내려놓기

만약의 경우를 대비해서 맡고 있는 직책이 있다면 물러납시다. "언제 그만두든 내가 판단할 일이니 쓸데없는 참견 말아요."라며 불쾌함을 표시하는 분도 계실 겁니다. 그러나 자칫 처신을 잘못하면 추한 모습을 보여 주게 됩니다. 새삼스럽게 거울을 볼 필요도 없이 75세면 충분히 나이를 먹었고, 이해력, 판단력, 결단력은 젊은이들 반에도 미치지 못합니다. 민폐가 되기 전에 물러나는 것이 노인이 가야할 아름다운 길입니다. 그 다음에 가벼운 마음으로 새로운 길을 향해 나아갑시다.

7. 비판에는 겸허하게

'험담은 관심의 증거'라고 긍정적으로 생각합시다. 상대방이 자신에 대해 오해를 해도 '다른 사람들에게는 그렇게 보일 수도 있구나.' 하며 납득하고, 반성의 기회로 삼을 필요가 있습니다. 직접 비판과 주의를 받았을 때는 먼저 감사하다고 말합니다. 그리고 오해가 있으면 풀도록 하고 정당한 자신의 의견을 말합시다.

8. 늘 감사하는 마음으로

연장자니까 특별대우는 물론이고 어디서든 경로 우대석을 차지하는 것은 당연하다고 생각해 본 적은 없습니까? 고령자라는 사실이 암행어사 마패는 아닙니다. 젊은이들 여러분 덕분에 산다는 겸허한 마음으로 주위에 감사하는 것이 바람직한 태도입니다.

9. "요즘 젊은 애들은…."은 이제 그만

시대는 격변하고 있습니다. 자신이 체험한 것과 다르다고 젊은 세대를 무조건 비판하는 것은 보기 좋지 않습니다. 우리 세대 역시 젊었을 때는 어른들 눈에 걱정스럽게 보였을 수도 있습니다. 5,000년 된 이집트 피라미드 벽에도 요즘 젊은이들이 한심하다는 내용이 적혀있다 하지 않습니까.

10. 늘 바른 자세로

등을 곧게 펴면 목도 함께 펴지고 턱은 살짝 올라갑니다. 시선은 전방 3미터 정도로 높아지고 시야도 동시에 넓어집니다.

자세가 바르기 때문에 발걸음도 시원시원해지고 나온 배도 들어가게 되어 보기 좋습니다. 구부정한 자세로 걸으면 품위가 없어 보일 뿐만 아니라 시야가 좁아져서 갑작스러운 위험에 재빠르게 대응하지 못하는 원인이 될 수도 있습니다.

11. 환경문제에 관심을

조금이라도 환경보호에 관심이 있다면 실행할 수 있는 일들이 많이 있습니다. 불필요한 전기 끄기, 사용하지 않는 전기 제품 코드 뽑기, 시장바구니 들고 다니기 따위입니다. 내복을 입어 난방기의 온도를 적

정으로 유지할 수 있습니다. 물론 녹색운동에 적극적으로 참여하는 것도 좋습니다. 시선은 지구를 향하고, 실천은 가까운 곳으로부터.

12. 늘 배움의 자세를 잃지 말자

에도(江戸)시대 말기 유학자 사이토 잇사이(斎藤一斎)는 "나이 들어도 배움을 멈추지 않으면 죽어서도 허망하지 않다."고 했습니다. 많이 공부합시다. 앞에서 대학에 입학한 친구 이야기도 했지만, 편하게만 흘러가기 쉬운 일상에서 가슴에 새겨두고 싶은 목표입니다.

19

## 70퍼센트 행복론

**"전력투구하지** 말고 80퍼센트만 힘을 내어도 좋다. 나머지 20퍼센트는 실패했을 때 일어설 수 있도록 남겨두자."라는 말을 종종 듣습니다. 나는 거기서 10퍼센트를 더 빼서 '무슨 일이든 70퍼센트에서 만족하는 70퍼센트 만족론'을 이야기하고 싶습니다.

나의 시어머니는 104세에 돌아가셨는데 아주 씩씩한 분이셨습니다. 시어머니가 아직 70대 중반이었을 때 있었던 일입니다. 어느 날 일곱 살 된 내 딸이 울고 있었습니다. 이유를 물으니 놀러 오기로 약속한 친구가 오지 않아서랍니다. 시어머니는 "사람이란 약속을 지키지 않는다. 열에 다섯 사람은 지키지 않아. 친구가 안 온 게 당연한 일이라고 생각하고 울음을 그쳐라."라며 오히려 딸을 야단치셨습니다. 깜짝 놀란 나는 약속을 지켜야한다고 가르치고 있는데 왜 그러시냐고 묻자, "그런 소리는 그만 둬라. 기대하지 않는 것이 약속이 지켜지지 않았을 때 상처를 덜 받는다. 너만 해도 그렇다. 지금이야 온순해 보이지만 내일 어찌 변할 줄 아느냐. 난 그리 생각한다."라고 말씀하셨습니다.

훗날, 시어머니 말씀 그대로 되었습니다. 나는 나

자신을 지키기 위해, 내 아이를 남들만큼 번듯하게 키우기 위해 온순한 양에서 투사로 변했고 거물 시어머니와 대결하게 되었습니다.

## 20
## 70퍼센트에 만족? 불만족?

조금 이야기가 벗어났습니다만, 과도한 기대는 하지 않는 것이 좋다는 관점에서는 시어머니와 동감입니다. 70퍼센트 달성에 대해 만족하는지 아닌지가 인생의 행불행을 좌우한다고 생각합니다. 70퍼센트에 만족하는 사람은 100퍼센트 채워져야 만족하는 사람보다 더 많은 행복을 느낄 수 있습니다. 100억이 있어도 만족하지 못하는 사람이 있습니다. 작은 집에서 행복을 느끼는 사람이 인생의 승자라고 생각하지 않습니까?

물론 처음부터 70퍼센트를 목표로 잡아서는 안 됩니다. 120퍼센트를 목표로 노력하고 그 결과가 70퍼센트 정도라면 나름대로 성공했다고 기뻐합시다. 아무리 천재 야구선수라 해도 고작 타율이 4할에 못 미치지 않습니까.

옷을 살 때나 집을 살 때도 마찬가지입니다. 100퍼센트 만족스러운 건 없습니다. 부동산을 예로 들어봅시다. 집을 찾다 보면 이런 일은 흔합니다. 해는 잘 드는 집인데 구조가 별로이고, 두 가지 조건이 괜찮다 싶으면 역에서 멉니다. 완벽한 집을 찾았다 싶었는데 이번에는 가진 돈과 거리가 멉니다. 조금씩 타협해서 결정된 집은 만족도 70퍼센트. 그러나 그건 최적의 물건일 뿐만 아니라 좋은 선택입니다. 기뻐할 일입니다.

21
## 나쁜 면만 보아서는 안 된다

**인간관계도** 마찬가지입니다. 어떤 사람을 좋은 사람이라고 생각했는데 자기 손해득실만 따지는 사람인 경우도 흔합니다. 하지만 이것도 좋게 생각해서 열심히 사는 사람이라 생각하고 마음을 접읍시다. 솔직히 그런 사람이 얼마나 많습니까. 문제는 미리 판단해버린 당신에게 있습니다. 배우자를 고르는 경우를 봅시다. 어떤 사람이 있습니다. 잘생기고 친절해서 이상형에 가깝긴 한데 우유부단하고, 또 다른 사람 결단력도 있고 열심히 살지만 왠지 구두쇠 같아 보이고 꿈도 없어 보입니다. 100퍼센트 만족스러운 배우자가 과연 나타날까요? 부정적인 면만 보면 70퍼센트의 장점이 보이지 않습니다. 전체를 바라보고 "잘 되었으니 대성공이야. 완벽하지 않을지는 모르지만 인생이 그런 거 아닌가. 70퍼센트도 대단하다."라고 생각하는 편이 더 많은 행복을 누리는 비결인 것입니다.

# Part 02
# 인간관계는 노후의 버팀목

22

# 이제부터는 인간관계다

**제1장을** 읽고 나니 이제 새로운 인생을 향한 꿈과 희망이 솟아오르지 않나요? 그런데 꿈과 희망만으로 살아갈 수 있을 만큼 세상이 고령자에게 이상적인 환경이라고는 하기 힘듭니다. 현대사회에서 고령자들은 경제, 건강 그 밖에도 여러 가지 불안을 안고 살아가는 것이 현실입니다. 이러한 불안을 해소하기 위해서는 사회에만 의존하지 말고, 고령자 스스로가 안전한 생활환경을 마련하기 위해서 노력해야 합니다.

이때 가장 필요한 노력이 바로 '인간관계의 구축과 유지' 입니다. 고령자가 이 험한 세상을 살아가려면 누군가의 도움이 반드시 필요합니다. 혼자 사는 사람이라면 더더욱 그렇고, 도움은 많으면 많을수록 좋습니다.

은퇴하기 전에야 회사나 동료와 같은 공적인 관계에 의지할 수 있었지만 더 이상 아닙니다. 친구, 주변

이웃, 가족과 친척 같은 개인적인 인간관계가 가치를 발휘할 때가 온 것입니다. 노후에는 개인적인 인간관계조차 소원해지는 경향이 있지만, 그래도 노후 삶에서 개인적인 인간관계는 비중이 점차 커질 수밖에 없습니다.

만나서 단순히 이야기를 나누는 상대도 좋습니다. 그들이 언젠가 내게 작은 도움을 주고 소중한 정보도 나눌 수 있습니다. 이렇게 자신에게 도움이 되는 인간관계를 넓혀가는 것이 노후를 지탱해주는 중요한 버팀목이 됩니다.

## 23
# 정보는 노후의 생명줄

**노후의** 정보력은 생명을 좌우할 정도의 영향력을 갖습니다. 2005년 나고야 시에서 있었던 '부부동반자

살사건'은 그야말로 '정보약자의 비극'이라고 해도 과언이 아닙니다.

남편은 67세, 부인은 74세였습니다. 사건이 일어나기 3년 전부터 이 노부부에게서 조금씩 이상한 점이 발견되기 시작했습니다. 정처 없이 배회하거나, 돈을 내지 않고 가게에서 나오는 행동 등이 목격되었습니다. 그러던 어느 날 부인이 뇌경색으로 쓰러져 입원하게 되었습니다. 동시에 치매 진단이 내려졌습니다. 담당의사는 노인요양보험을 권하며 필요한 수속에 대해 구체적인 설명을 해주었으나, 노부부는 노인요양보험을 신청하지 않았습니다.

설상가상으로 얼마 있다가 부인이 골절로 자리보전하게 되자, 그때부터 남편의 고독한 간병생활은 시작되었습니다. 처절한 상황에서 대화상대도 없이 결국 남편은 한계상황에 부딪힙니다. 부인의 목을 조른 뒤, 자신도 자살을 시도했으나 미수에 그치고 말았습니다.

사건이 발생하고 상황이 이렇게까지 돼서야 주변 사람들은 노부부의 비참한 생활을 제대로 알게 되었

습니다. 갑자기 동정의 물결이 일어났습니다. 희생자이기도 한 남편을 위해 '감형 구명운동'이 전개되기도 했습니다. 그러나 이러한 도움의 손길도 이미 때가 너무 늦었습니다. 집행유예로 풀려난 지 4일 만에 남편은 자택 아파트에서 몸을 던져 생을 마쳤습니다.

그런데 사건이 발생하기 전, 과연 주변 이웃들이 이 노부부의 상황을 전혀 몰랐다고 할 수 있을까요? 누구는 "치매가 온 부인을 혼자서 돌보느라 애쓰는구나."하며 멀리서 보았을 겁니다. 사회복지사를 부르지 않는다는 것도, 시설의 도움을 받지 않는 것도 어렴풋이 알았을 것입니다. 그러나 서로 친하게 지내는 사이도 아닌데다 개인적인 일이라서 간섭하기 어려웠을 것입니다. 만약 남편이 먼저 불평과 고민을 털어놓았더라면 상황은 판이하게 달라졌을 겁니다.

관할기관에서는 "당사자가 직접 신청하러 오지 않는 한 실태를 파악할 수 없다."고 말합니다. 원래부터 정부나 지방자치단체란 그런 곳입니다. 신청하지 않으면 어떤 도움도 받을 수 없습니다.

24

# 정보는 물, 공기와도 같다

이 사건을 접한 여러 사람이 '병원이나 주민 센터에 가서 상담을 했더라면……' '이웃 누구에게라도 도움을 청했더라면……' '속내를 털어놓을 수 있는 친척이나 친구가 있었더라면…' 라고 생각했습니다. 틀림없이 그 노부부에게는 찾아와 주는 친척도 친구도 없었을 겁니다. 누구라도 있었더라면 '나이가 들면 누구든 정신이 흐려지는 건 당연하지. 더 심해져서 치매가 되는 것뿐이네.' '가족의 힘만으로는 너무 힘이 드니까 노인요양보험이 있는 거예요. 사회가 힘을 합해서 부담을 함께 나누는 거죠. 보험료를 내고 계시니까 당연히 서비스를 받을 수 있습니다.' '모두들 시설을 이용하고 있어요. 속는 셈치고 부인을 한 번 데려가 보세요.' 등의 조언을 해주었을 겁니다. 말 한 마디가 노부부의 상황을 바꿀 수 있었다고 생각하니 안타까운 마음을 금할 길이 없습니다.

보도에 의하면 남편은 간호 서비스를 받는 비용이 아주 고액인 줄 알았다고 합니다. 노인요양보험을 이용하면 10퍼센트만 본인이 부담하면 되는데 말입니다.

우리나라의 경우, 본인부담 15% 공단부담 85%. 단, 한도초과분에 대해서는 100% 본인부담입니다.

또, 남편은 부인의 상태를 다른 사람들에게 알리는 것을 꺼려했다고 합니다. 비싼 돈 내고 남들한테 사생활까지 알리느니 차라리 혼자서 해결하는 편이 낫다고 각오한 것은 아니었을까요. 우리 사회는 정보 측면에서 불평등합니다. 정보부족은 때로는 산소부족, 식량부족과 다르지 않을 만큼 무서운 결과를 초래합니다.

## 25
# 신문을 탐독하라

**텔레비전 뉴스,** 인터넷을 통해서도 세상이 어떻게 돌아가는지 알 수 있지만, 나는 신문 읽기를 추천합니다. 신문은 정말 훌륭한 정보의 보고입니다. 뉴스 해설은 물론 여가 생활과 화제의 신간, 그리고 역사 일화와 유명인들의 회고담 등 이처럼 온갖 고급 정보와 지식으로 꽉 차 있는 읽을거리는 좀처럼 찾아보기 힘듭니다.

나이가 들면 글자 읽는 게 귀찮아져서 자꾸 텔레비전을 찾게 되는 기분은 잘 압니다. 그러나 혼자 살게 되면 시간이 많이 있으니 신문을 꼼꼼하게 읽읍시다. 신문에서 얻은 지성이 당신을 빛내 줄 자신감으로 이어집니다. 가능하다면 2종류를 구독해서 주요기사의 제목을 비교하는 것도 재미있습니다. 사회가 어떻게 돌아가고 있는지 구체적으로 보이기 시작합니다. 아침 식사 후에 신문을 펼쳐드는 습관부터 시작합시다. 신문으로 여는 상쾌한 하루, 어떻습니까?

## 26
# 작은 수다 모임도 도움이 된다

험난한 이 세상에서 나이 많은 여성이 아무한테도 의지하지 않고 혼자 살아간다는 일은 쉽지 않습니다. 차라리 위험하다고 표현하는 것이 맞겠습니다. 이용할 수 있는 제도를 충분히 활용하려는 자세는 매우 중요하지만, 그렇다고 모든 것을 제도에 의지하거나 '누군가 와서 도와주겠지.' 하며 안이하게 생각하는 것은 바람직하지 않습니다.

언젠가는 찾아 올 혼자만의 생활을 미리 상정하고, 급할 때 도움을 청할 수 있는 인간관계를 스스로 만들어 놓는 일이 시급합니다. 근거 없는 기대나 의존심은 버리고, 씩씩하고 지혜롭게 삶을 개척해 나가는 것이 행복을 향한 지름길입니다. 인간관계가 넓으면 넓을수록 정보가 풍부해지고, 안심하고 살아갈 수 있는 노후의 청사진이 구체적으로 그려집니다.

인간관계를 어렵게 생각할 필요는 없습니다. 친구

모임을 유지하거나 넓혀나가는 것만으로도 족합니다. 이러한 인간관계는 생활하면서 겪을 수 있는 소소한 불편에서 비상사태까지 어려운 일이 있을 때마다 '든든한 내 편'이 되어줄 수 있습니다.

노후에는 다른 건 몰라도 시간 하나는 많습니다. 동네 모임, 옛 동료들과의 만남, 자원봉사 활동 등 인간관계를 넓힐 수 있는 기회는 많습니다. 인간관계는 늘 주부들 곁에 있는 삶의 일부분이고, 어쩌면 가장 자신 있는 분야가 아닙니까? 인간관계에 자신이 없는 사람이라도 자신의 장래를 위해 용기를 냅시다. 상대방 입장에서 생각하고 행동한다면 누구라도 십년지기처럼 가까워질 수 있습니다. 이러한 노력으로 사람들과 어울리다보면 자연스럽게 인간관계의 참맛을 느끼게 되리라고 장담합니다.

## 27
# 남자는 인간관계 열등생

노후의 인간관계를 말할 때 여성보다는 남성이 더 걱정입니다. 혼자 사는 남성 고령자는 여성에 비해 인간관계의 폭이 좁습니다. 서로 집을 오갈 수 있는 친구나 매일 전화통화 하는 친구가 있는 남성은 매우 드뭅니다. 일평생 '회사인간'으로 살아 온 남성의 삶에서 '회사'가 사라지고 나면 그 현실은 잔혹합니다. 지난날의 명예와 화려한 경력은 지역사회에서 인간관계를 만들어 갈 때 오히려 방해요소가 될 뿐 도움이 되는 경우는 별로 없습니다. 큰 맘 먹고 지역사회 모임에 나가봐도 맘 편히 있을 수 있는 곳을 찾기조차 쉽지 않습니다. 결국에는 방에 틀어 박혀 술만 마시며 시간을 죽이고 있는 노후. 상상만으로도 괴로운 일입니다. 개중에는 현역시절 부하 직원에게 했던 것처럼 부인에게 화풀이 하는 남편이 있다는데, 제발 그것만은 남성들이 하지 말았으면 합니다.

## 28
# 정보는 친구로부터 온다

지금 몸이 건강하고 생활에 불만이 없는 사람은 이런 생활이 그럭저럭 이어지리라 생각하기 쉽습니다. 그러나 그저 착각에 불과합니다.

'한치 앞도 모른다.' '내일 일은 알 수 없다.' '삶과 죽음은 종이 한 장 차이다.' 라고 흔히들 말하는데, 사람들은 보통 자기는 이런 말들과 관계없다고 믿어버립니다. 이는 대지진이나 쓰나미가 와도 나만은 살아남을 거라고 믿는 것과 같습니다.

자식들도 다 독립해서 이제 겨우 손에 넣은 나만의 소중한 시간. 기뻐하는 마음도 이해는 갑니다. 오늘은 수영, 내일은 스포츠댄스, 다음날은 영화감상, 인생을 즐기는 것도 나쁘지 않겠지요. '저승길에 가져갈 추억이라 생각하고 처음으로 하와이에 간 것이 10년 전. 이번이 다섯 번째 하와이 여행입니다.' 라는 투고를 읽은 적이 있습니다. 여건이 되는 사람이라면 얼마든지

갈 수 있겠지요. 그러나 한 가지, 자신이 고령자라는 자각만은 잊지 마십시오. 내일 병상에 눕게 될지, 넘어져서 뼈가 부러질지 누가 압니까. 늘 건강상에 일어날 수 있는 위험에 대비하고 이에 필요한 정보를 파악해 두어야 합니다. 바로 이때 큰 도움이 되는 것이 친구 모임입니다.

## 29
## 친구는 맞춤 정보를 제공해 준다

행복과 불행은 반드시 돈으로 결정되지 않습니다. 물론 돈으로 살 수 있는 행복도 있지만 정말 필요한 것은 도움이 필요할 때 곁에서 나를 도와주는 친구라는 존재입니다. 이런 생각은 시간이 지나면서 점점 더 절실해집니다. 정보를 나누는 대상이라는 관점에서만 봐도 친구만큼 도움이 되는 존재도 없습니다.

친구들은 생활에 필요한 정보를 알려 줄 뿐만 아니라 인간관계를 확장시켜줍니다. 언제 무슨 일이 일어날지 모르는 노후에 곁에 있어주는 친구는 돈으로도 살 수 없는 재산입니다.

"키보드만 두드리면 정보가 쏟아져 나오는데 뭐!"라는 의견도 일리는 있습니다. 그러나 컴퓨터는 유익한 정보인지 아닌지 판단해주지 않습니다. 또 정보가 범람하는 온라인상에는 거짓정보를 흘리는 사람도 적지 않습니다. "거짓정보를 가려낼 수 있는 능력이 없는 사람에게는 인터넷이 의미가 없다." 이는 컴퓨터를 잘 아는 내 친구의 말입니다. 인터넷만 가지고는 확실하고 신뢰할 수 있는 정보에 신속히 도달하기 힘든 것이 현실입니다. 친구는 신뢰할 수 있는 정보를 쌍방향으로 주고받을 수 있습니다. 일부로 거짓정보를 알려주는 친구는 없습니다. 게다가 컴퓨터는 키보드를 칠 수 없으면 의미가 없습니다. 만약 키보드를 칠 수 없는 상황이면 어떻게 합니까? 그것마저 친구에게 부탁할 수는 없는 노릇입니다.

30

# 새로운 인간관계에 도전하라

**평소 알고** 지내던 이웃, 오래된 벗과의 인간관계도 소중하지만 새로운 인간관계를 만들려는 시도도 중요합니다. 젊은이들은 휴대전화로 문자를 주고받으며 쉽게 친구가 된다고들 하지만, 인생경험이 풍부한 시니어 세대에게 그렇게 간단한 방법은 통하지 않습니다. 노후라는 한정된 시간을 고려해볼 때, 불특정다수 속에서 친구를 찾아 조금씩 우정을 키워나간다는 방법은 현실성이 없습니다.

그렇다면 좋은 방법은 없을까요? 먼저, 관심사가 같은 사람들 모임에 참여할 것을 추천합니다. 취미동호회, 자원봉사단체, 시민단체, 스포츠클럽, 각종 공부모임 등 종류는 다양합니다. 연령과 성별은 중요하지 않습니다. 취미와 생각이 일치하는 사람들이 모이는 곳이라면, 그 안에서 사람을 사귀는 것은 훨씬 쉽습니다. 이러한 모임에 참여하는 목적이 단순히 친구 찾기만은 아닙니다. 이러한 모임은 인생의 새로운 즐거움을 발견하고 지식이나 기술을 익힐 수 있는 기회를 제공해 줍니다. 사는 게 재미있어 집니다. 뇌를 활성화시켜서 치매방지에 도움이 되는 것은 물론입니다.

## 31
## 활동하면 인간관계는 저절로 따라온다

내게도 새로운 인생의 장을 열어 준 단체가 있습니다. 바로 1983년 1월, 지인들과 발족한 '고령화 사회를 돕는 무지개회'가 그것입니다. 무지개회는 모두가 지혜와 힘을 모아 암울한 고령사회를 장밋빛으로 물들여 가자는 것이 목표입니다. 회원 대부분이 여성이고 회원이 모두 합쳐야 고작 150여 명 정도인 작은 단체이지만 올해로 활동을 시작한 지 26년째에 접어들었습니다.

발족 배경에는 언론이라는 자극제가 있었습니다. 당시 언론에서는 앞으로 그 예를 찾아 볼 수 없는 미증유의 고령사회가 찾아올 것이라고 대대적으로 보도하곤 하였습니다. 언론은 이런 말을 들어도 겁나지 않느냐며 마치 협박이라도 하듯이 집요하게 고령자의 불안을 부추겼습니다. 나이 먹는 것이 공포감이 들 정도였습니다. 집, 시설, 병원 그 어디에도 몸을 맡길 곳이 없는 노인이 길에 넘쳐날 것이라고 예측하는 사람들도 나왔습니다. "지금 사람을 겁주는 거냐. 어디 그렇게 되나 봐라. 반드시 오래 살길 잘했다고 말할 날이 오도록 만들고 말테니."라는 결심으로 지인들과 힘을 모아 '무지개회'를 발족했습니다. 일본최초 고령문제를 생각하는 단체라고 자부합니다.

지금까지 불미스러운 일 없이 여기까지 올 수 있었던 것은 박애정신 넘치는 사도(佐渡)씨가 대표로 있었기 때문입니다. '무지개회'는 '올 수 있을 때만 오면 된다.' '오는 사람 막지 말고 가는 사람 붙잡지 않는다.'를 원칙으로 하고 있습니다. 뭐니 뭐니 해도 이러한 강제성 없는 배려심이 '무지개회'가 지금에 이르도록 한 요인이 되지 않았나 생각합니다. 또, 즐겁게 참여하면서 누군가에게 도움이 되고 있다는 자부심도 '무지개회'의 원동력입니다.

## 32
## 새로운 인생을 열어 준 '무지개회'

**활동내용을** 살펴보면, 매월 운영위원회를 열어 서로 의견을 교환합니다. 또, 월례회에서는 강연회나 이벤트를 기획하여 회원과 사회가 서로 더 깊은 교류를 할 수 있도록 노력합니다. 많은 전문가 여러분의 협력 덕분에 작은 단체가 열기 힘든 이벤트도 개최할 수 있었습니다. 최고의 강사님들을 모시고 '앞으로의 장례문화를 생각하는 모임', '종교에 관하여', '간병 중인 사람들을 응원하는 모임' 등의 심포지엄을 열기도 했습니다. '무지개회'를 통해서 평생 한번 만나기도 힘든 쟁쟁한 분들을 만날 수 있었습니다.

최근 몇 년 동안의 주된 관심 분야는 '환경문제' 입니다. 홋카이도 한 마을에 나무심기를 시작한지 4년이 됩니다. 다음 세대에 울창한 숲을 물려주기 위해 지속적으로 벌이는 일입니다. '오래 살아서 우리가 심은 나무를 다시 찾아와 그 나무에 핀 꽃을 구경하는 것'이 모든 회원의 공통된 희망입니다.

2007년 4월에는 독거노인과 경증 장애인들이 모여 기모노를 재활용해서 새로운 생명을 불어 넣는 '무지개회 공방'을 열었습니다. 작품들을 모아 패션쇼를 개최 했는데, 96세의 할머니가 기모노로 만든 웨딩드레스를 입고 등장해서 갈채를 받았습니다. 가슴이 뭉클했던 것은 비단 저뿐만이 아니었을 것입니다.

33

# 여가를 사회 환원의 기회로

우리 공방에 80대 후반 정도로 보이는 한 할머니가 오셨습니다. 반나절 동안 오래된 기모노의 바느질을 뜯어내어 천으로 만드는 작업을 마치시고 이런 말씀을 하셨습니다. "이 나이에도 다른 사람에게 도움이 될 수 있다니, 정말 행복합니다. 고맙습니다." 집으로 돌아가는 그분의 작은 뒷모습을 바라보며 공방을 시작하기를 정말 잘했다는 생각에 마음이 뿌듯했습니다.

'무지개회 공방'에 관한 신문기사를 보고 많은 사람이 찾아왔습니다. 특기가 있는 사람도 있고, 아무런 특기가 없는 사람도 왔습니다. 그냥 구경만 하거나 사람들과 어울리기 위해 온 사람도 있었습니다. 개중에는 진지하게 자원봉사를 하고 싶은 사람까지 각양각색의 사람들이 모였습니다. 그들은 모두 적극적이고 쾌활했으며 의욕에 넘쳐 존재 자체로 빛났습니다. 그들을 바라보는 것만으로도 즐거웠습니다.

그런데, 우리들에게 건강한 시간은 앞으로 얼마나 남아있을까요. 가장 염려되는 것은 자리보전, 치매 등과 같이 자립생활이 곤란한 상황입니다. 자리보전하게 되는 원인은 여성의 경우는 골절이, 남성의 경우는 뇌혈관질환이 가장 많습니다. 무엇보다 예방이 최선책입니다. 여성들은 집안에만 있지 말고 밖으로 나가서 다리와 허리를 많이 움직이도록 합시다. 남성은 뇌혈관성질환에 걸리지 않게 과음하지 말고 술을 적당히 조절하는 것이 중요합니다.

'건강 제일주의'에 힘입어 건강산업이 번성하고 있는 것은 어제 오늘 일이 아닙니다. 그러나 모두가 건강 자체만 생각할 뿐, '사회 안에서 건강한 고령자가 어떤 역할을 할 수 있는가?'라는 질문에는 아무도 정답을 제시하지 못하고 있습니다. 100세 장수사회를 쾌적하게 살아가기 위해서는 엄청나게 많은 시간을 어떻게 의미 있게 활용하느냐가 관건입니다. 여가시간을 어떻게 보내느냐에 따라 노후의 행불행이 좌우되기 때문입니다.

여러분이 인생에서 쌓아온 지혜, 능력, 기술 그리고 따뜻한 배려의 마음을 사회와 이웃을 위해 활용해보는 것은 어떨까요. '무지개회 공방'과 같은 모임을 지역사회에서 시도해보는 것은 어떻습니까? 거기에서 생각지도 못했던 행복을 길어 올릴 수 있을지도 모릅니다.

## 34
## 무지개회가 파견하는 고민 해결 도우미

'무지개회'에는 다양한 인생을 살아온 회원이 모여 있습니다. 저명한 문학상을 수상한 작가도 있습니다. 회원 각자가 갖고 있는 기술과 지혜 그리고 인간관계와 시간을 활용하면 생활 속의 크고 작은 어려움을 해결할 수 있습니다.

그래서 '고민 해결 도우미'라는 서비스를 시작하게

되었습니다. 청소, 세탁, 장보기, 집안정리, 편지 대필 등의 일을 혼자서 할 수 없을 때 서로 도움을 주고받는 서비스입니다. 서로가 마음이 통하는 벗이니까 부탁을 하기도 쉽고 들어주기도 쉽습니다.

여기에는 소액이지만 이용료가 있습니다. 시급 500엔과 교통비를 지불하고 내용에 따라 다소의 별도요금이 발생합니다. '고민 해결 도우미'의 기본 바탕에 자원봉사 정신이 깔려 있음에도 불구하고 이용료 제도를 유지하는 데는 나름대로의 이유가 있습니다. 무상으로 도움을 주고받는 상황이 계속되면 아무래도 회원들 사이에 대등한 관계가 이어지기 어렵습니다. 회원들 사이에 '내가 항상 청소해주고 있는데……' '신세지고 있으니까 이건 내가 양보해야겠지.' 와 같은 미묘한 의식의 흐름이 작용할 수 있습니다. 그러나 금전으로 경계를 명확히 해두면 서로 불필요한 신경을 쓰지 않아도 됩니다. 이용료를 지불하고 서로 "고마워요."라고 말하는 것으로 충분합니다.

서비스 의뢰인은 저렴한 요금으로 필요한 도움을

받고, 제공자는 돈으로 환산할 수 없는 만족감을 얻을 수 있습니다. 나이가 들어서도 자신의 능력이 타인을 위해 쓰여 질 수 있다면 이 얼마나 기쁘고 보람 있는 일입니까? 게다가 적으나마 용돈도 벌 수 있으니 일석이조 아니겠습니까?

## 35
## 목표는 친구 100명

'무지개회'는 이제 내게 없어서는 안 될 보물과도 같은 소중한 존재입니다. 비슷한 성격의 단체가 전국 여러 곳에 있는 줄 압니다. 여러분이 마음만 먹는다면 언제 어디서라도 새로운 벗을 만들 수 있습니다. 친구를 만드는데 나이는 중요하지 않습니다. '저승에 가서도 친구를 만들 수 있을까?' 라고 공상해본 적도 있습니다만, 아무튼 친구를 만들 수 있는 기회는 지금밖

에 없습니다. "친구를 100명 사귈 수 있을까?"라고 노래 부르던 초등학교 입학 시절을 떠올리며 미지의 세계에 뛰어들어 보는 것은 어떨까요?

## 36
## 주민 센터는 주민 중심

문제가 있는데 어떻게 해야 좋을지 모를 때, 가까운 주민 센터로 가면 해당 창구에서 상담 받을 수 있습니다. 상담료는 지불하지 않으며 상담 내용은 일체 비밀로 지켜집니다. 특별한 문제가 없어도 정보가 가득 쌓인 주민 센터를 가까이 하면 실생활에 많은 도움이 됩니다. 주민 센터 외에도 가족과 친척, 친구들과 지인, 이웃, 직장 동료, 카운슬러, 의사, 복지시설의 상담원 등도 훌륭한 의논 상대가 되어 줄 수 있습니다. 두려워하거나 창피하다고 생각지 말고 용기를 내어 한 걸음

앞으로 내디뎌 봅시다. 말하지 않으면 당신의 생각은 그 누구에게도 전달되지 못하며 이해받지 못합니다.

## 37
# 의논 상대는 많을수록 좋다

내가 존경하는 베테랑 카운슬러 한 분한테 들은 말입니다. 주위에 의논 상대가 많은 사람일수록 장수한다는 연구결과가 미국에서 발표되었다고 합니다. 이 말을 들었을 때 충분히 그럴 수 있다고 고개를 끄덕였습니다.

내 주변에 평균수명을 넘기신 분들은 모두 사람들과 만나서 이야기 나누는 것을 좋아합니다. 사람들과 만나서 이야기를 주고받다보면 자연스럽게 상호 카운슬링이 이루어지고, 어려운 일에 대해 서로 좋은 의논 상대가 되어줄 수 있습니다. 나는 말(話)이란 '화의 근

원' 이 아니라 '화합의 근원' 이라고 늘 주장합니다. 다시 한 번 강조합니다. 입을 꾹 다물고 있으면 그 누구도 여러분의 괴로움과 슬픔을 알아주지 않습니다.

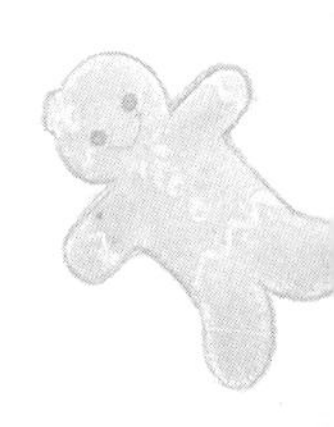

## 38
# 부모 병구완을 미리 준비하는 젊은이들

**최근,** 연예인 기사를 주로 다루는 여성주간지에서 가족 병구완에 대하여 취재하고 싶다며 찾아왔습니다. 또, 비슷한 시기에 20~30대 직장여성이 독자인 한 월간지가 같은 내용으로 집필을 의뢰했습니다. 그 다음에는 어느 외국계 법인으로부터 젊은 사원을 대상으로 강연을 해달라는 요청을 받았습니다. "예? 젊은 분들이 그런 얘기 듣고 싶어 하나요? 수십 년은 빠른 거 아닌가요?" 깜짝 놀라 내가 이렇게 물으면 의뢰한 쪽은 모두 한결같이 "지금 많은 젊은 사람들이 '부모가 쓰러지면 어떻게 해야 하나?' 라는 불안을 갖고 있습니다."라고 대답했습니다. 그 배경에는 부모와 함께 사는 미혼 자녀가 늘고 있는 사회적 상황이 있는 것 같습니다. 한편 기혼 자녀 가운데는 무료 베이비시터 역할을 해주는 부모에게 의지하고 있는 사람들도 상당히 많습니다. 그들은 부모가 쓰러지면 어떻게 해야 하는지, 공적인 서비스는 어떻게 하면 받을 수 있는지, 비용은 어느 정도인지, 이런 내용들을 미리 알아두고자 했습니다. 지혜와 지식을 쌓아서 만일의 경우에 대비하고자 하는 젊은 여성들의 모습에 감탄했습니다.

## 39
## 의논상대 인력풀(pool)을 만들어 대비하라

앞에서도 말했지만 여성보다는 남성 쪽이 걱정입니다. 여성은 언제든지 모여서 이야기를 나누곤 하기 때

문에 듣고 배우는 것이 많아서 생활의 지혜가 풍부합니다. 그러나 남성들은 이러한 단순한 모임을 경멸하는 경향이 있습니다. 그뿐 아니라, 당당하고 강해야 한다는 강박관념 때문에 타인에게 자신의 어려움을 드러내기를 꺼려합니다. 그래서 가족을 간호해야만 하는 처지에 놓이면 어떻게 해야 할지 갈피를 잡지 못합니다. 결국에는 누구에게도 털어 놓지 못하다가 스트레스 중압감에 무너지고 맙니다. 간호를 마치 회사일 하는 것처럼 열심히 하다가 성과가 눈에 보이지 않으면 절망감에 빠져 마음에 병이 들기도 합니다. '이렇게 살아서 뭐하나?'며 동반자살에 이르기도 하는 것입니다.

간병 문제만이 아니라 사람은 누구나 다양한 문제에 대해 이야기를 들어 줄 사람이 필요합니다. 그러기 위해서는 다방면에서 친구와 지인을 갖는 것이 중요합니다. 그렇게 어려운 일도 아닙니다. 집 밖에 쓰레기를 내놓으러 나갔다가 인사를 나누게 된 이웃, 슈퍼마켓에서 우연히 만난 예전 학부모, 병원 대기실에서 마주친 지인들과 사소한 일상의 대화를 나누다보면, 그들이 어느새 좋은 의논 상대가 되는 것입니다.

평상시에 인사를 나누는 사이가 되다 보면 "실은 제가 이런 문제가 있는데……"라며 먼저 이야기를 꺼내기가 쉬워집니다. 이를 계기로 인간관계 네트워크가 확장되어 더 많은 정보가 수집되고, 그러다 보면 직면한 문제를 해결할 수 있는 방법을 찾게 되는 것입니다.

나는 도움이 필요할 때 연락할 수 있는 사람의 이름과 전화번호를 적어 냉장고에 붙이거나, 늘 갖고 다니면서 자주 꺼내 봅니다. 그럴 때마다 '내게는 무슨 일이 있으면 도와줄 사람이 이렇게 많이 있어. 어떤 일이 있어도 걱정 없어!'라는 생각이 들면서 안심이 됩니다. 여러분도 지금 당장 의논 상대 리스트를 만들어 보지 않겠습니까?

40

# 남성을 아군으로 만들어라

1950년대 이후 남녀평등이 사회에 뿌리내리기 시작하여 지금은 여성 각료, 여성 대기업 사장도 드물지 않습니다. 그러나 과거 남성사회였던 영향이 여전히 남아 있어서, 남성이 능력과 경험 등 여러 방면에서 한발 앞서 있다고 느끼는 것은 비단 나뿐만이 아니라고 생각합니다. 인정할 것은 인정하고, 주위에 뛰어난 남성이 있다면 내 편으로 만드는 것이 현명합니다. 문제가 있을 때 신속하게 상담해 줄 수 있는 남성이 가까이 있으면 마음이 든든합니다. 우리 정도 나이가 되면 서로 의논 상대가 되어줄 이성 친구가 있다고 해도 이상한 일은 아닙니다.

남성이 도와주겠다며 여성에게 접근해서 재산을 갈취하는 사건도 있었습니다만, 이 세상 모든 남성이 다 그런 것은 아닙니다. 이어지는 글에서 나오는 모든 조건을 만족시키는 남성은 없다고 생각합니다만, 단점이 한두 개 있어도 합격점을 줄 수 있는 남성이 있다면 꼭 친구로 만들어 보시기 바랍니다. 이제 성별을 초월할 수 있는 나이가 되었으니 서로가 부담 없이 친구가 될 수 있습니다.

형제 중에서도 여자 형제보다 남자 형제가 큰 힘이 되어 줄 때가 있습니다.

41

## 이성 친구 17가지 조건

작가 우치다 야스오(内田康夫, 1934-, 추리소설가. 옮긴이 주)는 그의 소설에서 남성의 매력에 대해 이렇게 쓰고 있습니다. '남자의 매력은 외모가 다가 아니다. 섬세함과 야성미 그리고 지성과 재치. 이러한 매력을 가진 남성에게 여성은 끌린다.' 다음에 언급하는 남성상에 대해, "의외로 눈이 낮으시네요."하는 사람도

있었고, "이렇게 멋진 사람이 어디 있어요. 다시 태어나도 절대로 못 만날 것 같은데요."라고 말하는 사람도 있었습니다. 어떻게 받아들이느냐는 자기 주관에 따라 달라집니다. 개인적으로 이런 사람이 있으면 참 좋겠다는 정도의 희망 사항이라고 보면 좋겠습니다.

1. 다방면으로 지식이 풍부한 사람

역사와 문화에 조예가 깊고 정치경제에 밝으며, 세계정세에서 국내문제에 이르기까지 지식과 화제가 풍부한 사람. 무얼 물어봐도 대답이 막힘없이 나오는 사람. 몇 시간을 이야기해도 질리지 않는 사람. 독서가이면서 주변에 좋은 벗이 많이 있고, 남자들에게도 인기 있는 사람이라면 금상첨화입니다. 좋은 친구는 인생에서 보석처럼 소중한 존재입니다.

2. 멋지게 돈을 쓸 줄 아는 사람

늘 먼저 돈을 내는 사람을 말하는 것이 아닙니다. 대가를 바라지 않고 타인과 사회를 위해서 돈을 쓸 줄 아는 사람이 멋지게 돈을 쓸 줄 아는 사람입니다. 이해득실만 따져서 판단하고 행동하는 사람은 불쾌감을 줍니다. 또한 지나치게 인색하거나 경제력으로 타인을 판단하는 사람도 가까이 하고 싶지 않습니다.

3. 태도와 언어에서 품위가 느껴지는 사람

여성을 먼저 배려하는 매너가 자연스럽게 몸에 배어있는 사람, 부드러운 미소가 언제 봐도 멋있는 사람, 품위 있는 언어를 사용하는 사람에게 호감이 가는 것은 당연합니다.

4. 바라만 봐도 좋은 사람

간병에 지쳐있는 친구가 휴대전화 대기화면을 좋아하는 연예인 사진으로 해 놓고 보면 스트레스 해소가 된다고 말한 적이 있습니다. "멋진 남자 얼굴이라도 봐야 힘이 나지."라고 말해서 웃었습니다. 남자는 얼굴이 전부가 아니라고들 하지만, 보는 것만으로도 마음이 한결 부드러워지고 위로 받을 수 있는, 아름다운 풍경과도 같은 사람이 있다면 얼마나 좋을까요?

5. 정신력이 강한 사람

사람이란 편하고 쉬운 길로 흘러가기 쉽습니다. 그러나 강한 정신력을 가진 사람은 정의를 위해 곤란을 무릅쓰고 바른 길을 갑니다.

6. 폭력을 휘두르지 않는 사람

힘으로 타인을 누르려하는 사람은 최악입니다. 특히 상대가 저항할 수 없는 약자인 경우라면 더더욱 그렇습니다. 실수를 했거나 심지어 기분이 상하는 일이 있어도 모든 것을 남의 탓으로 돌리는 사람, 작은 일에 이성을 잃고 화를 내거나 책임을 전가하는 사람과는 절대로 가까이 해서는 안 됩니다.

7. 술자리에서 매너가 좋은 사람

술에 취하면 천박한 언행이 나오거나 주위에 민폐를 끼치는 사람은 멀리합시다. 술을 마시더라도 적당한 선에서 즐길 줄 아는 사람이 바람직합니다.

8. 약자를 존중하는 사람

안하무인으로 상대를 경멸하는 사람은 불쾌하기 짝

이 없습니다. 이런 사람은 처음부터 상대하지 않는 것이 좋습니다. 거만하게 으스대는 사람을 보면 애처롭다는 생각이 들 정도입니다.

9. 매력 있는 사람

상대를 존중하면서 대화를 능숙하게 이끌어 갈 수 있는 사람, 재미있고 하는 말마다 명대사가 되는 사람, 쾌활하여 장난꾸러기 같은 사람, 다소 나쁜 남자 같은 느낌을 주는 사람과 대화를 나누는 것도 유쾌한 경험입니다. 전문용어나 난해한 표현을 쓰는 사람이 명석한 사람이라고 생각하면 큰 착각입니다.

10. 상대의 마음을 설레게 하는 사람

아무리 나이가 들어도 꿈과 사랑, 미래에 대해 열정적으로 이야기하는 사람이 좋습니다. "난 어차피 이제 늦었고......" 이런 말을 들으면 듣는 쪽도 맥이 풀릴 것 같습니다. 독일의 문호 괴테가 70대 후반의 나이로 10대 여성에게 프러포즈 했다는 에피소드가 있습니다. 그때 그가 상대의 마음을 사로잡은 말은 "당신의 보랏빛 눈은 제비꽃처럼 아름답고, 당신의 붉은 뺨은 장미와도 같습니다. 나와 결혼해 주겠소?"였다는 사실. 멋지지 않습니까?

11. 자신을 잘 아는 사람

자신의 장단점을 자각하고 있는 사람이 좋습니다. 황당한 호언장담은 듣는 순간은 재미있을지 몰라도 남는 것은 아무것도 없습니다.

12. 하늘을 바라볼 여유가 있는 사람

별과 달을 바라보는 마음의 여유가 있는 사람이 좋습니다. "실처럼 가느다란 초승달이 아름답습니다."와 같은 섬세한 메일을 받게 된다면 행복하지 않을까요?

13. 인간적인 매력이 있는 사람

같이 있으면 재미있고, 순수한 성품에 장난기도 있으며, 서비스정신 투철한 사람. "뭐든지 원하는 걸로 드세요."라고 해 놓고 "실은 저는 붕어빵 좋아하는데요."라고 말해서 황당하게 만드는 사람. 시간이 지나도 지루하지 않고 상큼한 느낌을 주는 사람이 좋습니다.

14. 잘난 척하지 않는 사람

진가는 감추려 해도 드러나기 마련입니다. 가만히 있어도 다이아몬드처럼 빛이 나니까요. 예를 들어, 그냥 대학 후배라고 해도 될 것을 굳이 대학 이름을 밝히는 사람, 소지품의 브랜드를 은근히 과시하는 사람도 볼썽사납습니다.

15. 미지의 미래가 기대되는 젊은 남성

싫은 내색도 없이 상대방 이야기를 끝까지 들어 주는 순수한 마음이 엿보이는 젊은 남성이 있다면 꼭 친구로 만드십시오. 운전도 평균 실력 이상에, 필요할 때에는 멋진 차로 데리러 올 수 있는 사람이라면 좋겠습니다.

16. 잠깐 연애(?)도 생각해볼 수 있는 사람

프랑스의 사르코지 대통령이 이혼 직후 이혼장 도장이 마르기도 전에 -훗날 결혼하게 되지만- 브루니 영부인과의 스캔들로 유명했었지요. 이런 연애는 황당하긴 하지만 드라마를 보는 것처럼 그 다음 내용이

기대가 되는 것도 사실입니다. 드라마처럼 가슴이 두근거리는 연애, 어떻습니까?

17. 이런 사람

밝고, 겸손하고, 잔소리하지 않고, 멋 낼 줄 알고, 재미있고, 돈 많은 사람. 이런 사람.

# Part 03
# 건강은 최고의 자산 - 심신의 관리에 들어가라

42

# 미리 불안해하지 마라

**불안감은** 정신력을 약화시키는 바이러스라고 해도 과언이 아닙니다. 생각하면 생각할수록 불안은 커지기 마련이므로 안 되는 건 안 되는 것, 생각만 하는 것도 소용없으므로 좋은 쪽으로만 생각합시다. 그러나 이렇게 낙천적 사고도 좋지만 그러다 나중에 큰일 당하는 것도 싫다면 가능한 귀찮은 바이러스는 증식하기 전에 뿌리부터 잘라버리는 것이 좋습니다.

일본의 '국립 장수의료센터 연구소'가 2005년 전국 20대에서 70대의 남녀를 대상으로 조사한 연구 결과에 의하면 응답자의 약 80퍼센트가 고령자가 된다는 사실에 불안을 느낀다고 대답했습니다. 불안 내용으로는 주로 '장기적인 간병을 받는 것', '큰 병에 걸리는 것'을 꼽았습니다. 이 조사에서 주목해야 할 결과가 있습니다. 바로, '장수하고 싶지 않다.'는 응답이 전체의 40퍼센트를 차지했다는 사실입니다. 그 이유에 대해 많은 사람이 '가족들에게 부담이 되고 싶지 않아서'라고 대답했습니다. 2004년 시점에서 실제로 간병을 받고 있는 노인은 전체 고령자의 20퍼센트도 되지 않는데, 많은 사람이 자리보전을 하고 누워 있거나 치매에 걸릴까 지레 걱정하고 있습니다. '고령자는 곧 병자'라는 잘못 된 인식 때문에 불안이 조장되어 나타난 결과라고 하겠습니다. 건강문제뿐만 아니라 노후에 대한 여러 가지 불안이 단순한 걱정 또는 피해망상에 지나지 않는 경우가 참 많습니다.

병은 마음에서 온다는 말이 있습니다. 병에 대한 지나친 걱정은 실제로 스트레스성 위장 장애를 일으키기도 합니다. 역설적으로 들릴지 모르지만 건강에 대한 지나친 염려가 오히려 건강을 악화시킬 수 있습니다.

실제로 일어나지 않은 일에 지레 겁을 먹고 있으면 의기소침한 인생을 보낼 수밖에 없습니다. 늘 당당하게 가슴을 펴고 삽시다. 마음에 안테나를 곤두세워서 정확한 정보를 획득하기 위해 노력합시다. 앞당겨 걱정을 하다가 몸만 상하는 일은 없기 바랍니다.

43

# "노환입니다."

60세가 넘으면 자기 아픈 이야기를 많이 나눕니다. "요즘 의사들, 제대로 진찰도 하지 않고 무조건 노환이라고 하지 않나요?"라고 내가 말하자, 한 친구가 "맞아요. 얼마 전에 내가 오른쪽 팔이 안 올라가서 병원에 갔더니 의사가 나이 때문에 그렇다고 하기에, 그럼 멀쩡한 왼쪽 팔은 아직 젊은 거예요?"라고 해서 웃었습니다.

가슴과 등의 통증, 손발 저림은 큰 병의 전조증상일 수 있으므로 방치는 금물입니다. 그러나 의사가 "연세가 드셔서 그런 겁니다. 걱정 마세요."라고 한다면 안심해도 괜찮습니다.

평균수명 50세가 까마득한 옛날 일인 것 같지만, 장수하기로 유명한 일본도 1956년에 평균수명이 60대 후반 정도로 대부분의 사람이 70세 전에 사망했습니다.

요즈음은 70세라도 놀랄 만큼 젊어 보이는 사람이 많습니다. 그러나 내장연령은 전과 별로 달라지지 않은 것 같습니다. 의료기술의 발전과 식생활 개선으로 단지 수명이 연장된 것일 뿐, 어느 날 갑자기 내재되어 있던 병이 겉으로 드러나면 손 쓸 새도 없는 긴박한 상황을 맞을 수도 있습니다.

## 44
# 흔한 노환의 증세는 가볍게 생각하라

여기저기 아프고, 쉬 피곤하고, 입맛도 없고, 잠을 깊게 못 자고, 눈앞이 침침한 증상들...... 60세 가까이 되면 흔히 나타나는 증상입니다. 그러나 정상적인 범주에서 건강을 유지하고 있다면 괜찮습니다. 예전 같으면 저세상으로 갔을지도 모를 나이라고 생각하면 마음이 편해집니다.

한 친구가 “건강검진을 받았는데 콜레스테롤, 중성지방 수치가 높게 나왔어. 뇌혈관이 걱정이 돼서 말인데 MRI라도 찍어봐야 되는 거 아닐까?”라며 내게 의논했습니다. “그만둬. 그런 수치는 젊은 사람을 표준으로 만든 거니까, 우리에게는 의미가 없어.”라며 나는 평소의 생각을 담담하게 말했습니다. 정밀검사는 그냥 두어도 될 것까지 샅샅이 찾아내어 오히려 근심거리만 늘린다는 뜻에서 한 말이었습니다. “그런 말이 어딨어? 그럼, 병원에도 가지 말고 죽으란 소리야? 끊어!” 이렇게 전화통화는 끝났습니다. 친한 친구이기 때문에 본심을 이야기한 것뿐입니다. 별로 상관없는 사람이라면 무난한 대답으로 얼버무렸을지도 모릅니다.

검사를 받지 않으면 초조해지는 사람은 고민하지 말고 병원으로 가십시오. 그래서 “연세를 고려해 볼 때 이 정도면 양호합니다.”라는 진단 결과를 듣는다면 최상입니다. 병원은 병을 치료하는 곳이기도 하지만 마음 편하자고 가는 곳이기도 합니다.

45

# 의사를 내 편으로 만들려면

**한 베테랑** 간호사 한 분이 이런 말을 해주었습니다. “의사 입장에서 진료하기 편한 환자가 되는 것이 중요해요. 아무리 돈이 많고 절세 미녀라도 의사가 편하게 진찰하지 못하면 곤란해요. 바로 자기 자신을 위해서요.” 요령을 알고 보면 그렇게 어려운 일도 아닙니다. 진찰 받을 때 자신의 증상을 구체적으로 알기 쉽게 전달하면 됩니다. 예를 들어, 언제부터 가슴이 아팠다, 열은 몇 도였다, 이렇게 말입니다.

몸이 안 좋을 때는 마음도 무겁게 가라앉기 쉬운데, 대기실에서 몇 시간을 기다리다보면 불쾌지수가 상승하고 사고능력마저 저하되기 쉽습니다. 이런 상태에서 진료실에 들어가면 환자는 증상을 정확히 설명하지 못합니다. 한편, 의사 입장에서 보면 두서없는 이야기를 들어가며 핵심을 파악하느라 지치고 짜증이 납니다. 이럴 때를 대비하여 증상을 메모해가면 도움이 됩니다.

## 46
# 진찰에 협조하는 성의를 보여라

의사가 대하기 어려워하는 환자의 예를 들어 보겠습니다. 의사가 청진기로 진찰하려 하는데 벗기 어려운 보정속옷을 입고 있는 환자, 빈혈 증상 때문에 병원에 오면서 얼굴색을 알아볼 수 없는 완벽 메이크업을 하고 나타난 환자 등입니다. 공사현장에서 슈트를 입고 일할 수는 없습니다. 이러한 상식은 병원에서도 지켜져야 합니다.

솔직히 나 자신도 이런 실수를 한 적이 있어서 가슴이 뜨끔합니다. 응급 상황이 아니라면, 진찰이 원활하게 진행될 수 있도록 의사에게 협조하는 것이 환자의 의무입니다. 또 경우에 따라서는 의사에게 감사의 뜻을 전하는 것도 중요합니다. 의사도 우리와 같이 감정을 가진 사람이라는 사실을 잊지 마시길.

## 47
# 전문 병원은 '진료의뢰서'가 필수

병원도 의사도 자선 사업가는 아닙니다. 병원 경영에는 이익추구라는 경제원리가 작용되고 있습니다. 병원에서 환자의 무지를 이용해서 불필요한 검사를 연달아 권하는 것은 흔한 이야기이며, 연계 병원으로 환자를 보내서 똑같은 검사를 받도록 하는 경우도 있습니다.

전문적인 치료를 받기 위해 종합병원이나 대학병원에 갈 때는 반드시 1차 진료를 받았던 병원에서 진료의뢰서를 받아 가지고 갑시다. 진료의뢰서에는 현재 병의 상태, 처방된 약 등의 의료 정보가 기록되어 있어서, 환자에게 가장 적합한 진료를 효율적으로 진행하는데 도움이 됩니다.

## 48
# '세컨드오피니언(Second Opinion)'을 구하라

감기는 만병의 근원이라고 하지만 서둘러서 병원에 달려가기 보다는 영양과 수분을 섭취하고 안정하는 것이 가장 중요합니다. 열이 좀 있어도 겉으로 보아서 이상이 없고 식사를 할 수 있는 상황이라면 이삼일 정도는 상태를 지켜보는 것도 좋습니다. 그러나 열이 없는데도 몸이 축 늘어지고 기운이 없으며 수분을 섭취하지 못하는 상황이라면 서둘러 병원에 가야합니다. 이때, 초음파 검사나 혈액 검사는 큰 문제없지만 조직검사는 가능한 피하는 것이 좋습니다. 불필요한 검사로 체력이 소진되어, 병원에 온 것을 후회하게 되는 경우도 있습니다.

책이나 인터넷을 통해 건강 상식이나 응급상황 대처법을 알아두면 도움이 됩니다. 노후를 혼자 살아가려면, 현명하게 병원을 이용하는 노하우도 익혀둘 필

요가 있습니다.

또, 병원에서 전해주는 정보에 대해 의문을 가져보는 것도 중요합니다. 요즘 세상에 "수술하셔야겠습니다."라는 말을 듣고 세컨드오피니언(주치의外 다른 의사 의견)도 없이 "네, 알겠습니다."라며 자신의 몸을 맡기는 사람은 없을 것입니다. 단순히 의사가 주는 정보를 아무 비판 없이 그대로 받아들이지 말고 수술처럼 중대한 결단을 내려야만 할 때는 반드시 다른 전문의에게 조언을 구해야 합니다.

'주치의에게 실례를 범하는 것은 아닐까?'라는 생각에 주저할 필요는 없습니다. 치료법을 결정하는 것은 환자 본인입니다. 자신의 생명을 지키는 중대 사안이기 때문입니다. 수술을 권고 받았을 때는 심사숙고하시기 바랍니다.

49

# 골절은 노후의 적

늙어서 자리보전을 하고 누워 지내는 생활을 생각하면 암담합니다. 그런데 이 생활의 시작이 단순한 골절인 경우가 적지 않습니다. 특히 여성의 경우 고령이 되면 골다공증 발병 확률이 높아지므로 세심한 주의가 필요합니다. 넘어져서 대퇴부가 골절되면 그대로 자리에 누워 지내야 합니다. 다행히 완치가 되어도 다시 넘어지면 안 된다는 염려 때문에 집밖으로 나오지 않게 되고, 운동부족으로 보행기능이 저하되어 결국 다시 자리에 눕게 됩니다.

누워 지내는 생활을 피하기 위해서는 무엇보다 넘어지지 않도록 예방하는 것이 중요합니다. 다리와 허리를 단련하는 것이 가장 좋은데, 하루 30분 산책이면 충분히 효과가 있습니다. 걷는 것은 근력 향상은 물론 뇌 활성화에도 도움이 되므로, 하루 일과에 산책을 반드시 넣을 것을 추천합니다.

계단 오르내리기, 뒤로 걷기 등의 실천으로 운동량을 늘려서 골절을 예방합시다.

## 50
## 걸어야 산다

걷기만 하면 되는데 뭐가 어렵겠냐고 생각하시겠지만, 매일 실천하는 것은 쉽지 않습니다. 다이어트 관련 상품이 셀 수 없이 많아도 성공사례가 적은 것과 같다고 할까요? 크게 마음먹고 '전철역까지 15분 걷기'를 잘 실천하다가도 '비가 와서', '더워서', '추워서', '시간이 없어서' 등의 핑계로 버스를 타거나, '무리하다가 골절이라도 되면 큰일'이라며 택시를 타기도 합니다. 이런 습관은 60대 후반 사람들에게서 많이 볼 수 있습니다. 늘 차를 타고 다니는 것이 습관이 되어 집 근처 편의점에 갈 때조차 차를 탑니다. 웬

만큼 강한 의지가 아니면 이러한 생활습관에서 벗어나는 것은 그리 쉽지 않습니다.

그래서 한 가지 방법을 제안합니다. 계획대로 걸은 날은 달력에 ○표를 그려 넣고 10일 동안 계속되면 자신에게 상을 주는 방법은 어떨까요? 연극을 보러갈 수도 있고, 예쁜 꽃을 살 수도 있습니다. 나는 저금통을 마련해서 30분 산책을 한 날이면 200엔을 넣습니다. 산책 시간에 따라 저축액도 커지고, 1개월 지속되면 보너스도 있습니다. 유치하다고 생각할 수 있지만 의외로 효과가 있으니 실천해 보시기 바랍니다.

51

## 걷기, 계속하면 잘하게 된다

**자기에게 상을 주는 방법이 의외로 효과가 있어서, 나 같은 게으름뱅이도 6개월이나 지속하고 있습니다.**

어느 순간부터 걷는 것이 힘들지 않고 재미있어졌습니다. 뭐든 계속하면 잘하게 되기 마련입니다. 1년이 지나면 다리가 튼튼해질 테니 해외여행이라도 가야지, 하며 혼자 흐뭇한 미소를 머금곤 합니다.

열심히 노력한 결과, 지금은 스틱을 들지 않고 조금 높은 산에 오를 수 있고, 걷다가 사람들과 부딪혀도 균형을 잃지 않습니다. 이제는 엘리베이터 타지 않고 4층 정도는 거뜬히 걸어서 오르는 게 습관이 되었습니다. 또 다른 면에서도 걷기 효과가 나타났습니다. 침착하지 못하게 물건을 곧잘 잃어버리곤 했는데 그 증세도 나아졌습니다. 또, 식욕은 왕성해졌는데도 살이 찌지 않아서 적정체중을 유지하게 되었습니다.

자, 여러분도 오늘 당장 실천해 보면 어떨까요? 단, 신발은 워킹슈즈를 신고 처음부터 너무 무리하지 않도록 주의해야 합니다.

뇌 전문의들은 이렇게 역설합니다. "장애인은 턱이 없는 평평한 길로 다녀야 한다. 그러나 정상인은 의식적으로 울퉁불퉁한 길을 걷는 것이 좋다. 넘어지지 않기 위해 균형을 잡는 과정에서 뇌가 활성화 된다. 이는 뇌 노화 방지로 이어진다."

## 52
## 건망증 에피소드 1

나와 친한 친구 3명이 차례로 돌아가며 가방과 지갑을 잃어버려 큰 소동이 난 적이 있습니다. 그날은 가까운 친구와 함께 집에서 공예품을 만드는 모임이 있었는데, 늘 의자위에 올려놓던 가방이 그날따라 눈에 거슬리고 방해가 된다 싶어서 다른 방에 옮겨놓은 것이 화근이었습니다. 모두 돌아간 뒤 그 사실을 까맣게 잊고는 가방이 없어졌다며 우왕좌왕 찾아다니다가 결국에는 친구들에게 전화해서 "미안한데, 혹시 내 가방이 가져간 짐 속에 있는지 찾아봐 줄래?"라며 부탁했습니다. 모두 흔쾌히 찾아봐 주었지만 가방은 나

오지 않았고, 얼른 신용카드 회사에 사용정지 요청을 했습니다. 살다보면 이런 안 좋은 일을 겪을 수도 있다고 마음을 접고 일단 가방 분실 사건을 종결짓기로 했습니다.

다음날, 그 방에 들어가자 눈에 익은 검은 가방이……. 전날 밤에도 분명 그 방에 들어가 찾아보긴 했는데 그때는 조급한 마음에 방에 불도 제대로 켜지 않은 채 찾다보니 검은 가방이 눈에 들어오지 않았던 것입니다.

기쁨을 애써 감추며 모두에게 사과 전화를 돌렸습니다. "세 번은 찾아보고서 사람을 의심하란 말 있지? 어제는 몇 번 찾아보고 전화한 거야?"라는 힐난을 귀가 아프게 들어야 했습니다. "세 번이 아니라 골백번도 더 찾았어. 지쳐 쓰러질 뻔 했는데."라고 변명하고 싶은 기분을 누르고 미안하다는 말만 되풀이할 수밖에 없었습니다.

53

# 건망증 에피소드 2

**그로부터** 몇 개월 후. 오랜만에 동창회에 참석한 K씨는 바래다 준 친구 차에 가방을 놓고 내렸습니다. 그러나 그녀는 동창회가 열린 호텔에서 가방을 잃어버렸다고 확신하고 호텔로 연락을 취했습니다. "많은 사람들로 붐볐으니 그 북새통에 없어졌나봐. 우선은 카드 사용정지만 해놨어." 그녀의 가라앉은 목소리가 수화기 너머로 들려왔습니다. 나는 "앞으로는 국내든 해외든 귀중품은 몸에 꼭 지니고 다녀야 해."라며 크게 위로가 될 것 같지 않은 얘기만 해주었습니다.

다음날, 차를 태워준 친구로부터 연락이 와서 가방은 무사히 주인에게 돌아갔습니다. "이제 우리도 깜빡깜빡할 나이가 되었으니 진짜 조심해야 돼."라며 다짐했습니다. 그리고 며칠 지나지 않아서 일어난 일입니다.

이번에는 3명 중에 가장 젊은 L씨의 이야기입니다.

"지갑을 넣어둔 시장바구니가 갑자기 사라진 거예요." 식탁 위에 시장바구니를 올려놓고 잠깐 마당에 나왔는데 그 사이에 벌어진 일이라고 했습니다. L씨 집은 집주변에 일괄적으로 경비시스템이 작동되는 한적한 고급주택가에 있어서 좀도둑이 배회하기 쉽지 않은데도 부엌 뒷문이 열려있더라는 겁니다. "요즘 세상은 험한 일이 하도 많으니까. 없어진 게 지갑하고 식료품이라니 불행 중 다행이지. 몸이 상하기라도 했어봐."라고 위로했지만 얼마동안은 그 일로 마음이 무거웠습니다.

그런데 며칠 후, 정원 손질을 하고 있던 L씨의 눈에 나무 아래 얌전히 놓여있는 시장바구니가 들어왔습니다. 바로 그 순간, 나무 밑에 시장바구니를 놓았던 기억이 선명하게 떠올랐습니다.

54
# 기억력 저하에 대처하는 지혜

사전에서 초로(初老)를 찾으면 '40세를 이르는 말로 늙기 시작하는 나이라는 뜻' 이라고 쓰여 있습니다. 초로에 20을 더한 60세는 완벽한 노인입니다. 겉모습이 젊어도 장기나 뇌는 나이에 상응하여 노화가 진행 되어 있습니다.

물건을 잃어버리지 않기 위한 몇 가지 지혜를 소개합니다. 외출할 때 귀중품이 든 가방은 엑스(X)자로 매고, 일상용품을 두는 곳(손톱깎이 두는 곳 등)은 한 번 장소를 정하면 바꾸지 않도록 합니다. 예금통장이나 인감도 마찬가지인데, 만약 변경했을 경우에는 노트에 잘 적어두고 사용하고 난 후에는 반드시 제자리에 보관합니다.

우편물은 답장을 써야할 것과 그렇지 않을 것을 따로 보관합니다. 다음날 외출할 거라면 필요한 물건은 전날 밤에 준비해 놓는 것이 원칙이며, 특별히 잊으면

안 되는 것은 현관 신발위에 올려놓는 것도 방법입니다. 또, 꼭 처리해야할 일은 큰 글씨로 써서 잘 보이는 장소에 붙여 놓습니다. 그리고 떠오른 생각을 바로 적을 수 있도록, 종이와 펜을 언제나 가방에 넣고 다니고 집 화장실에도 비치해 둡니다.

가볍고 큼지막한 헝겊가방이 있으면 좋습니다. 여름에는 양산이나 모자를 넣고 다니고, 겨울에는 머플러, 장갑, 쇼핑한 물건을 한꺼번에 넣으면 분실될 염려가 없습니다. 또, 항상 가방 안에 물과 간식을 넣고 다녀서 조금 배가 고파졌을 때나 예기치 않은 일이 일어났을 때를 대비합니다. 헝겊가방은 정말 편리한 아이템입니다.

이 정도만 실천한다면 어느 정도 평온한 생활을 유지할 수 있고 자기혐오에 빠지는 일도 줄어들 것입니다.

55

# 식욕과 성욕이 장수의 비결

103세의 시아버지를 모시고 있는 한 친구의 이야기입니다. 103세 생신날 시아버지에게 무엇이 드시고 싶은지 여쭙자, 평소에도 소고기를 너무 좋아하는 그 분은 소고기가 먹고 싶다고 대답하셨다고 합니다. 치아가 하나도 없어서 음식을 제대로 씹지 못하지만, 장이 얼마나 튼튼한지 딱딱한 수입산 소고기를 드셔도 배탈 난 적이 없다고 합니다.

아무튼 그 친구는 시아버지 생신날에 마블링이 골고루 퍼진 고급 국산 소고기로 요리를 해서 드렸다고 합니다. "맛있다, 맛있어"하며 배부르게 식사를 마친 시아버지가 해가 잘 드는 마루 끝에 걸터앉아 담 너머 길을 바라보면서 혼잣말을 했다고 합니다.

"103살이나 되셔도 그러고 싶을까. 하여튼, 남자들이란." "뭐라고 하셨는데 그래? 궁금하네. 어서 말 해봐." "알았어. 글쎄, 배부르게 잘 드시고 해 잘 드는 마루 끝에 앉으셔서 하신 말씀이, 어디 예쁜 할머니 안지나가나? 이러시는 거야." "정말 대단하시네."라며 나는 손뼉을 치며 웃었습니다.

그 순간 알았습니다. 장수의 비결은 식욕과 성욕이라는 것을. 갑자기 식욕이 일어 무언가 먹고 싶은 음식이 생각날 때는 자신의 몸 상태만 괜찮다면 바로 먹는 것이 좋습니다. 한편, 성욕을 반드시 남녀관계와 관련지을 필요는 없습니다. 성욕이란 세상이 어떻게 돌아가는지 세상의 움직임에 관심을 갖는 것일 수도 있습니다. 항상 촉을 세우고 사회의 다양한 분야에 흥미를 갖고 살아가는 것 자체가 성욕이 아닐까요. 친구의 일화를 듣고 그런 생각이 들었습니다.

언제 저세상으로 가도 아쉬울 것 없을 만큼 살았지만, 여성평균수명 86세의 장수사회를(우리나라의 경우, 2010년 기준 82.5세) 이 두 가지 욕망으로 더 풍성하게 채워갔으면 하는 바램입니다.

# Part 04
# 돈은 노후의 힘

## 56
# 그러나 돈이 전부는 아니라는 마음으로

'노후'를 생각하면 병, 장기요양문제, 소일거리 등이 떠오릅니다. 그러나 돈 문제 역시 빼 놓을 수 없는 최대 관심사입니다. 결론부터 말해서, 돈 문제에 관한 한 위를 보아도 끝이 없고 아래를 보아도 끝이 없습니다.

은퇴 전에 철저히 준비한 덕분에 최고액 연금을 받으면서 리조트와 집을 왔다 갔다 하고, 맛집을 찾아다니며 여생을 보내는 사람이 있는가 하면 정반대 생활을 하는 사람도 있습니다. 연금은 하나도 받지 못하고 예금도 한 푼 없으며 얼마 안 되는 생활비를 벌기 위해 죽을 때까지 일해야만 하는 사람도 있습니다.

그러나 사람은 모두 저마다 인생이 있는 것 아니겠습니까? 다른 사람은 절대로 이해할 수 없는 그 사람만의 인생 말입니다. 돈이 없다고 반드시 불행한 것은

아니며 자신을 비하할 필요도 없습니다. 자기 나름대로 최선을 다해 살아온 인생이니까요. 그리고 앞으로 20년, 30년 살아갈 시간이 있습니다.

사람의 가치를 돈으로만 평가할 수 없습니다. 인생에서 돈이 전부는 아닙니다. 돈 말고도 가치 있고 의미 있는 일이 얼마든지 있습니다. 평생 결혼하지 않고 일에만 몰두해온 사람이라면 자신의 일에 승부를 걸었다는 자부심이 있을 것입니다. 아이들과 남편 뒷바라지에 평생을 바친 사람이라면 훌륭하게 자라준 아이들이 보람이겠지요. 귀여운 손자들도 있지 않습니까? 돈만 있지 품위라고는 눈 씻고 찾아봐도 없는 사람들과 비교하면 이런 사람들이 단연코 인생 우등생이라고, 나는 생각합니다.

## 57
# 지출계획은 신중하게, 행동은 긍정적으로

노후의 지출계획은 신중해야 합니다. 젊었을 때는 돈이 모자라면 빌릴 수 있습니다. 젊으니 경제력이 있기 때문입니다. 연금과 얼마 안 되는 저축만 남아 있는 고령자는 아무리 자식이라도 쉽게 돈을 빌리기 어렵습니다.

노후 지출계획의 기본은 만일의 경우를 생각해서 '수입은 실제보다 적게, 지출은 실제보다 많게' 책정해야 합니다. 수입 항목은 연금, 예금, 일을 하고 있는 사람이라면 급료가 됩니다. 지출 항목은 생활비, 병원비, 관혼상제 비용, 교제비, 손자들 용돈 등이 있습니다.

젊었을 때처럼 목돈이 들어갈 일은 없지만 수입은 한정돼 있습니다. 친척 누군가가 남겨준 유산이 굴러 들어오리라는 꿈은 아예 접어두십시오. 뒤에서 또 이야기가 나오겠지만, 살아갈 시간을 고려하여 수입 · 지출계획을 똑 부러지게 세워야 합니다. 계획이 다 세워졌다면 이제 할 일은 슬픈 일이 있어도 괴로운 일이 있어도 앞만 보고 긍정적으로 밝게 살아가는 것입니다. 비참한 노후든, 즐거운 노후든 여러분 마음먹기에 달렸습니다.

## 58
## 꼭 필요한 돈이라면 아낌없이 써라

"집은 자식들 몫으로 남겨 놨어요." 이 말에는 "간병이 필요하니 애들아 부탁한다."라는 속마음이 감추어져 있는 것이 아닐까요? 요즘 세상에는 부모 집이 탐나서 부모 곁에 빌붙어 있으려는 젊은이들이 있는 것이 사실입니다.

우리나라의 경우, 현재 니트족(Not in Education, Employment or Training 의 약자. 학교를 졸업했으나 취업하지 않고 취업준비를 하지 않는 젊은이를 일

컨는 말.)이 2009년 40만이 넘었다는 보도가 있었으며 2015년에는 전체인구의 1.71%인 85만 3,900명에 달할 것으로 예상된다고 합니다.

그러나, 결혼해서 부모와 따로 사는 자녀들에게 부모 집은 별 매력이 없습니다. '얼른 집 처분하시고 시설에 들어가시면 어떨까요. 간병만은 못하겠습니다.'가 이들의 본심입니다. 냉혹하게 들릴지도 모르지만 현실이 그렇다는 것을 인식할 필요가 있습니다. 함께 살다가도 시어머니와 며느리 사이가 나빠져서 결국에는 따로 살게 되는 경우가 허다합니다. 자식이 부모를 간병하다가 동반자살을 시도하거나 부모를 학대하는 사건도 발생합니다. 이런 사건은 극단적인 경우겠지만 어쨌든 부모와 자식이 함께 살면 서로 힘들어 지는 것은 불 보듯 뻔합니다. 현실이 이러하니, 자식들 힘들게 하지 말고 차라리 있는 재산을 활용하는 편이 현명합니다. 살고 있는 집 문지방을 모두 없애서 휠체어가 다닐 수 있게 리모델링을 하는 것도 좋은 생각이고, 노인요양시설에 들어가는 것도 좋은 방법입니다.

지금까지 돈을 모으기 위해 열심히 살아온 여러분, 이제부터는 열심히 돈을 써야 할 시간이 왔습니다.

## 59
# 노후자금은 얼마가 필요한가?

**노후자금은** 도대체 얼마나 필요한지 알아봅시다.

우리나라의 경우, LG경제연구원 조사 결과에 의하면, 중산 서민층 60세 부부가 20년을 사는 데 필요한 평균노후생활비는 4억에서 5억 정도인 것으로 나타났습니다. 이 결과는 '연령별 기대수명'과 '고령 가구주 가구의 연평균 생활비' 통계를 토대로 분석한 것입니다. 현재 30세, 40세, 50세인 동갑내기 부부가 은퇴 후 서울에 거주하면서 평균적인 노후생활을 할 경우 60세에 가지고 있어야 하는 노후생활비 총액은 각각 5억 3,100만 원, 4억 300만 원, 3억 1,300만 원으로 추정됩니다. 한편, 평균적인 생활이 아닌 정기적인 문화생활, 해외여행 등에 한 달에 100만 원 가량을 쓰는 '품위 있는' 노후생활을 할 경우 각각 9억 1,700만 원, 6억 9,600만 원, 5억 4,100만 원의 노후자금이 있어야 합니다. 만약 서울이 아닌 군 지역에 살 경우 노후생활비는 각각 2억 4,100만 원, 1억 8,000만 원, 1억 4,200만 원으로 나타났습니다. 이러한 결과를 보더라도 눈을 낮추어 소박하게 산다면 돈은 기본만 있으면 충분하다고 볼 수 있습니다. 대신 즐거운 소일거리, 친구 관리, 취미 등 무엇을 하며 어떻게 보낼지에 대한 대비를 철저히 해야 하겠습니다.

**사람이 살아가는데 이렇게 많은 돈이 필요하다는 말인가, 다시 한 번 놀랐습니다.**

## 60
## '앞으로 몇 년을 더 사는가?'가 포인트

앞의 계산 결과에서 보듯이, 노후 자금을 계획할 때 '생존기간' 즉, 앞으로 몇 년을 더 사는지가 중요한 요소입니다.

지인인 G씨(70세)가 받는 연금은 약 16만 엔 정도입니다. "혼자 사니까 그 정도면 충분할 거라고 하지만 이것저것 세금내고 생활비에, 가끔 축의금 내고 나면 겨우 살아." 라고 말합니다. 그녀는 빚이 없고 여유자금이 1,000만 엔쯤 있어서, 그나마 여유 있는 편이라고 할 수 있습니다.

G씨가 계획하는 삶은 75세까지 큰 병을 앓지 않는 것, 그 후에는 입원과 통원 생활을 하다가 80세에 세상을 뜨는 것이라고 합니다. 1,000만 엔의 여유자금을 생존기간 10년으로 나누면 1년에 쓸 수 있는 금액은 약 100만 엔. 한 달에 8만 엔 정도 쓸 수 있다는 계산이 나옵니다. 거기에 연금 16만 엔을 더하면 한 달에 24만

엔이 됩니다. 이 정도면 어느 정도 여유 있는 삶을 보낼 수 있는 금액입니다. 그러나 그녀는 만일의 사태를 대비해서 저축에는 손을 대지 않는다고 했습니다. 그녀의 말이 정말 일리가 있다는 생각이 들었습니다.

## 61
## 연금만으로 충분한가?

일본은 평균 연금수령액이 월 23.8만 엔(한화 285만 원) 정도라고 합니다. 이 금액은 40년간 연금을 부었다는 가정에서 나온 계산 결과입니다.

우리나라의 경우, 20년 이상 가입자 평균 수령액은 월 75만 2,000원. 2009년 기준.

앞에서 말한 최저생활비와 비슷한 수준으로, 빠듯하게 생활은 되지만 여유 있는 생활은 어려운 금액이라 하겠습니다.

만약 남편과 사별했다면 아내는 얼마를 받게 될까요? 유족연금으로 남편 연금의 4분의 3에 해당하는 금액과 자신이 따로 받는 '노령기초연금'을 합하면 매달 받을 수 있는 금액은 14.5만 엔이 됩니다. 같은 회사원이라도 급여 수준과 가입기간에 따라 차이가 나므로, 이 금액은 어디까지나 참고로 보시기 바랍니다.

우리나라의 유족연금은, 가입기간에 따라 40~60%가 지급되며 여기에 부양가족연금액이 합산됩니다.

한편, 앞에서 언급했지만 혼자 남겨진 아내(65세 이상)에게 필요한 월 생활비는 14.3만 엔이었습니다. 이와 같은 데이터에서 보듯이, 연금과 수입 · 지출이 거의 맞아 떨어지므로, 낭비만 하지 않으면 어느 정도 생활은 유지할 수 있습니다. 만약 저축이 있다면 조금씩 꺼내어 취미 · 레저와 같은 생활도 즐길 수가 있습니다.

평생 독신으로 살아온 커리어우먼이라면 받게 되는 연금도 많고 저축도 꽤 있을 터이니 충분히 여유 있는 생활을 할 수 있을 것입니다.

우리나라의 경우는, 단순히 노후 필요자금과 국민

연금 수령액만 비교해 봐도, 국민연금만으로는 노후 자금을 전부 충당할 수 없다는 것을 알 수 있습니다. 즉, 한 달에 200~300만 원의 생활비가 필요한데 국민연금 수령액은 50~70만 원 정도이기 때문입니다. 이러한 차를 메우기 위해서는 개인 부동산, 개인연금 등을 통한 기타 재원이 더 필요합니다. 부동산은 부동산경기가 악화되면 원금의 상승효과를 기대할 수 없다는 점을 고려해야합니다. 안정적인 대안으로 연금저축, 연금펀드, 연금보험과 같은 금융상품을 활용하는 방법이 있습니다. 연금저축은 예금자 보호법에 적용되지만, 물가상승률을 뛰어 넘지 못한다는 단점이 있다. 연금펀드는 소득공제를 받을 수 있는 반면 투자수익률을 보기 때문에 예금자 보호를 받을 수 없습니다. 연금보험은 부부 모두 사망할 때까지 일정 금액을 확보할 수 있다는 면에서 본다면 가장 안정적인 노후자금 확보 방법이 될 수 있습니다. 보통 60세 까지는 원금이 보장되는 상품을 가입해서 안정적으로 자금을 활용하고, 변액연금 등을 활용하여 65세, 70세, 75세

를 기준으로 연금이 늘어날 수 있도록 설계해서 물가 상승률에 대비하는 방법이 일반적입니다. 개인마다 재무 상태가 천차만별이므로 재무 설계사에게서 자신에게 맞는 금융상품을 추천받는 것이 현명합니다.

## 62
# 이혼한 남편 사정 볼 것 없다

노후생활에서 남편의 위치란 솔직히 말해 지금까지 사이가 어땠는지에 따라 달라집니다. 부부의 속사정은 사람에 따라 각양각색입니다. 남편은 남편의 입장에서 "내가 아니었으면 누가 당신을 먹여 살렸겠어?" 라며 강하게 나올 수도 있습니다. 이렇게 경제력 하나로 부인을 속박하고 무시하는 남성이 세상에는 수없이 많습니다. 그래서 그런지 남편의 정년퇴임을 기다렸다가 이혼하는 사례가 심심찮게 들려옵니다. 남편들이야 "퇴직금은 내 돈!"이라고 주장할지 모르지만, 퇴직금도 이혼할 때 재산분할의 대상입니다. 주저하지 말고 아내로서의 권리를 주장해야 합니다.

우리나라의 경우는, 부부가 함께 산 기간이 5년 이상이면 남편이 받는 연금의 반을 청구할 수 있습니다.

신중히 생각한 끝에 이혼을 결심했다면 남편에게는 안됐지만 받을 수 있는 것은 전부 다 챙겨서 받아야 합니다. "그렇게까지? 남편이 불쌍해서……" 따위의 동정심은 필요 없습니다. 여자가 약하게 나가면 '위자료를 받아야할 쪽은 오히려 나'라고 주장하는 남편도 있습니다. 질척거리는 소송 끝에 손들어 주고 마는 결과를 초래하지 않도록, 처음부터 여자 쪽에서 주도권을 쥐고 있어야 합니다. 주위에서 많은 케이스를 보아 온 내 결론입니다.

## 63
# '실버 인재센터'

'실버 인재센터'는 '고령자 고용안정에 관한 법률'에 근거하여 국가 및 공공단체의 지원을 받아 운영되는 공익법인입니다. 기업이나 가정 등에서 필요한 일을 받아 지역에 사는 경험 풍부한 고령자가 일할 수 있는 터전을 제공하는 단체입니다.

해당 지역에 있는 센터에 회원등록을 하면 일을 소개해 줍니다. 임시직, 단기직이 대부분이라 수입이 보장되는 것은 아니지만, 일을 함으로써 사회에 참여하고 있다는 보람을 맛볼 수 있어서 좋고, 적으나마 용돈이라도 벌 수 있으니 일거양득인 셈입니다.

우리나라에도, 유사한 형식으로 실버 인재의 일자리를 위한 단체가 운영되고 있습니다. 국가에서 지정받은 사회복지기관이 그 역할을 합니다. 각 지역의 '시니어클럽', '노인종합복지관'을 검색하면 자세하게 알 수 있습니다. 또, 구청에 알아보면 '방과 후 초등학생 돌보기' 등과 같은 실버 인재 일자리 프로그램이 있습니다.

## 64
# 집은 노후자금 최후의 보루

친구 M은 평생 독신으로 살아왔습니다. 똑똑한 친구지만 운이 따르지 않아 다니는 회사마다 도산하고, 일이 풀리지 않아서 생활을 유지하기에 급급했습니다. 노후를 위한 자금 같은 건 생각하지도 못하며 살았습니다.

60세가 되어 회사를 그만두고 약간의 퇴직금과 연금으로 제2의 인생을 살아보려는 그녀에게 부모님이 집을 물려주셨습니다. 그녀는 그 집을 팔아 원룸 아파트를 사고 남은 돈 2,000만 엔은 통장에 넣었습니다. 그녀는 그 돈으로 안정된 노후를 보낼 수 있다며 기뻐

했습니다. 지금은 취미인 도예에 흠뻑 빠져 살고 있습니다.

부동산에 밝은 T씨의 말에 의하면 고령자가 큰 집을 팔아 작은 아파트로 줄여가는 경우가 많다고 합니다. "토쿄 근방의 평균 주택가격은 4,000~5,000만 엔 정도. 수도권에서 괜찮은 원룸 아파트가 2,000~3,000만 엔 정도 하니까 차액 2,000만 엔을 노후 자금으로 돌리는 거지요."

부모에게서 물려받았건 자기가 마련했건, 집은 노후자금 최후의 보루입니다.

65

## 주택연금(역모기지론) 요모조모

한편, 집을 팔지 않고도 노후 자금을 확보할 수 있는 제도가 있습니다. 바로 주택연금제도입니다. (역모기지론 = Reverse Mortgage Loan. 옮긴이 주) 이 제도는 고령자가 생활을 보다 윤택하게 보내기 위한 방법의 하나인데 집을 담보로 노후자금을 연금처럼 매달 받을 수 있는 제도입니다.

우리나라의 경우는, 대상주택은 주택의 형태 및 소재지에 관계없이 단독, 다세대, 연립, 아파트 모두 가능합니다.

주택가격은 과세 기준으로 9억 원 이하이며 고가주택은 대상에서 제외됩니다. 대출한도는 집값의 60%가 기준이 되는데, 대출기간에 따라 차등 적용되므로 그 비율은 달라질 수 있습니다. 한편, 대출한도의 30 ~ 50%에 해당하는 금액을 활용할 수 있는 '수시인출금' 제도를 통해 의료비나 교육비 등에 이용할 수 있습니다.

다음은 일반 은행이 판매해 온 역모기지론과 주택금융공사의 주택연금을 비교한 것입니다. 다른 점이 많이 있으므로 꼼꼼하게 살펴보고 선택해야 합니다.

〈시중은행의 역모기지론과 주택금융공사의 주택연금 비교〉

| 구 분 | 시중은행 | 주택금융공사 |
|---|---|---|
| 신청자격 | 40세 이상 주택소유자 | 65세 이상 주택소유자 |
| 대출기간 | 확 정 (5 ~ 15년) | 종 신 |
| 거 주 권 보장여부 | 대출만기 후 상환하지 못하면 주택처분 (퇴거 불안) | 이용자가 사망할 때까지 평생 동안 거주가능 (주거 보장) |
| 상환방법 | 만기 일시상환 또는 주택매각 | 사망 후 주택처분금액으로 상환 |
| 보증여부 | 없 음 | 공적 보증 |

현재, 9개 시중은행 (국민, 기업, 신한, 우리, 하나, 농협 등)이 자체 역모기지론을 판매하고 있습니다. (이상, 한국경제 재테크 2010. 4. 21 참고.)

현재 주택금융공사에서 지급되고 있는 주택연금 수령액은 월평균 105만 원인 것으로 나타났습니다. 최고액 수령자는 서울 마포구의 J(여.91)씨로 3억 8,000만 원 짜리 아파트를 담보로 매월 326만 7,850원을 받습니다. 담보 주택의 소재지는 수도권이 전체의 74%를 차지했습니다. 부산, 울산 경남 지역의 연금 수령액은 평균 46만 원 정도에 불과해 수도권과의 현격한 집값 격차를 반영하고 있습니다. (이상, 국제신문 2010. 4. 30 참고.)

## 66
# 축의금과 조의금

노후에는 안정된 수입이 없지만 손자 입학식, 결혼식, 지인들 병문안, 부의금 등이 이전보다 더 많이 지출됩니다. 정해진 금액이 따로 있는 게 아니므로, 금액보다는 마음이 중요하다고 생각합니다. 수입이 없으니 허세를 부릴 필요는 없지요. 중요한 건 정중한 매너와 마음입니다.

봉투에 결혼 축의금을 보낼 때 혼식의 경우 남자 쪽으로 갔으면 '축 결혼', 여자 쪽으로 갔으면 '축 화혼(祝 華婚)'이라고 한글이나 한자로 씁니다. 자신의 이름은 봉투 뒷면 아래 왼쪽 면에 세로로 쓰면 됩니다.

60세가 넘은 분들의 생신을 축하할 때는 축 수연(祝壽筵)이라고 쓰는데, 특히 61세를 축 환갑(還甲), 70세는 축 고희(古稀), 77세에는 축 희수(稀壽), 88세는 축 미수(米壽), 99세에는 축 백수(白壽)라고 쓴다.

## 67
## 모르면 손해 보는 연금제도

연금제도는 이해하기 어렵다, 귀찮다고 신경 쓰지 않거나 체납하다가 훗날 후회해도 돌이킬 수 없습니다. 생각에 못 미치는 금액이 지급되면 노후 생활은 전혀 다른 모습으로 바뀝니다.

저는 제도를 잘 이해하지 못해서 큰 손해를 본 남성을 알고 있습니다. 이직, 전업을 반복하며 살아온 그는 총 연금 납입기간에서 2년 모자라다는 사실을 나중에야 알았으나 이미 때는 늦었습니다.

한 노무사의 말입니다. "연금을 가입할 때는 회사가 모든 것을 알아서 해주니까 지급연령이 되면 저절로 받을 수 있는 줄 아는 사람이 많습니다. 50세가 넘으면 자신의 연금에 대해 자세히 알아두고 충분한 대책을 세워두는 것이 중요합니다." 아무튼 나중에 허둥대지 않도록 지금이라도 연금제도를 공부해야겠습니다.

(일본에서는 연금관리공단 관리들의 뿌리 깊은 부정부패로 연금이 바닥나고 국민의 연금 기록이 없어져 사회에 큰 파장이 일고 있습니다. 하물며 국가 원수인 수상의 연금 기록마저 정확히 파악되지 않다가 나중에는 연금이 연체된 것으로 나타났습니다. 국민연금은 국민의 의무인 동시에 자신의 노후를 지키기 위한 권리라고 생각하고 체납하지 않도록 주의해야겠습니다.)

68
# 노후자금을 사수하라

누차 강조하지만 노후생활을 지탱해주는 것은 연금과 얼마간의 재산입니다. 그런데 이 세상에는 그 돈을 노리는 사람이 있으므로 방심해서는 안 됩니다. '보이스피싱' 사기집단에 걸려든 고령자에 대한 뉴스를 심심찮게 보게 됩니다. 빈집털이, 날치기 등의 범죄도 모두 약한 고령자를 노리고 있습니다. 고령자는 범죄의 대상이 될 수 있다는 자각을 가져야 합니다. 범죄자들은 여기저기 함정을 파놓고 고령자를 기다리고 있습니다.

외부의 침입을 막기 위해 경비시스템에 가입하는 것도 좋은 방법입니다만, 악질적인 범죄자들 앞에서 경비시스템이 제 역할을 하지 못하는 경우도 접하게 됩니다. 내 친구 중에 '다 드릴 테니 제발 죽이지 마세요.'라고 크게 써서 침실 벽에 붙여 놓은 사람이 있습니다. 얼마 전에 만났는데 우리말을 모르는 외국인

강도를 위해 영어, 중국어로도 써서 붙여놓아야겠다고 진지하게 말했습니다. 하도 진지해서 나오려는 웃음을 참을 수밖에 없었습니다.

## 69 후견인제도와 재산관리

가끔씩 '혹시 치매에 걸리면 어떻게 하지?' 이런 생각이 들 때가 있습니다. 그러나 한 가지 위안이 될 만한 사실이 있습니다. 아무리 80대라도 의욕적으로 생활하는 사람은 치매에 걸리지 않는다고 합니다. 이렇게 확신하게 된 데에는 이유가 있습니다. 무지개회나 고령자 복지시설에서 만난 건강한 고령자들은 다음과 같은 공통점이 있었습니다. 그들은 음식을 가리지 않고 잘 먹었으며, 늘 몸을 움직였습니다. 또 항상 사회에 관심을 갖고 있었으며 신문을 읽거나 사람들과 이야기 나누는 것을 좋아했습니다. 치매에 걸리지 않기 위해 이러한 노력을 하고 있지만 그래도 불안하다면 '성년후견인제도'를 추천합니다.

성년후견인제도'란 치매나 정신장애 등으로 인해 판단능력이 충분하지 않은 사람들의 부동산이나 재산을 보호하기 위한 제도입니다.

후견인 제도는 (1)임의후견인제도와 (2)법정후견인제도로 나누어집니다.

(1)임의후견인제도는 지금은 아무 문제가 없지만 불의의 사고나 치매 등으로 인해 판단력이 없어진 시점에 후견업무를 개시하도록 미리 약정하는 제도입니다. 후견인은 여러 명도 가능합니다.

부모, 형제자매, 제3자(사법서사, 변호사 등)가 후견인이 될 수 있습니다.

(2)법정후견인제도는 현재 판단력이 결여된 치매노인이나 장애인이 법적인 보호를 받을 수 있도록 가정법원에서 후견인을 선임하여 대리인이 업무를 수행하도록 하는 제도입니다.

우리나라의 실정은, 현행 민법의 금치산제도나 한정치산제도는 보호라는 명목 아래 노인이나 장애인의 정상적인 사회활동을 제약하는 문제점을 가지고 있습니다. 반면 성년후견인제도는 노인이나 장애인의 자기결정권을 최대한 존중하되 본인의 경솔한 행위로 불행을 초래하는 사태를 사전에 예방할 수 있게 해 줍니다. 독일, 프랑스, 일본 등의 선진국은 이 제도를 법제화하여 치매노인이나 장애인의 법적보호를 위해 만전을 기하고 있지만 한국은 아직도 초보적인 단계에 머물러 있습니다.

# Part 05 안전하고 쾌적한 노후 생활을 위하여

## 70
# 필요 없는 물건을 처분하라

우리들은 이제 젊지 않습니다. 언제 어느 날 저세상으로 갈지 모릅니다. 나중에 당황하지 않도록 '그때'를 대비하고, 미리 주변을 정리해 놓아야 합니다. 내게는 소중한 물건이라도 정리하는 사람이 볼 때는 그저 성가신 쓰레기에 불과합니다.

물건이 귀하던 옛날과 달리 모든 것이 흔한 요즘 세상에 남에게 주어서 환영받는 것은 현금뿐입니다. 시어머니 물건은 서랍장 통째로 태워버렸다, 심부름센터를 불러서 가져가게 했다, 이런 이야기가 들려오는 세상입니다.

새로운 물건 하나를 살 때는 집에 있는 다른 물건 하나를 처분할 생각을 하십시오. 꼭 필요한 물건만 가지고 생활한다는 마음가짐이 중요합니다. 물건을 처분하려고 팔 때는 처음 샀을 때 가격과 비교해 보십시오. "두 가격을 비교해 보면 너무 차이가 나니까, 다시는 충동구매를 하지 않게 됩니다." 어느 유명한 인테리어 디자이너의 말입니다.

## 71
## 혼자 사는 노인의 식생활이 위험하다

얼마 전 한 실버타운을 견학했습니다. 둘러보고 느낀 점은 노인요양시설이나 실버타운이 노후 생활의 훌륭한 대안이 될 수 있다는 것입니다. 건강유지에 꼭 필요한 균형 잡힌 식사를 할 수 있고, 안전했습니다. 사실 '식생활과 안전은 혼자 사는 고령자에게 가장 걱정되는 부분입니다. 굳이 혼자 먹으려고 요리를 하지 않습니다. 귀찮아서 자꾸 인스턴트식품을 먹게 되거나, 자기가 좋아하는 음식만 편식하게 됩니다. 편식은 성인병으로 이어지므로 혼자 사는 고령자는 특히 식생활을 신경 써야 합니다.

대표적인 성인병인 당뇨병은 노화를 촉진시킵니다. 당뇨병환자는 건강한 사람에 비해서 네 배나 빨리 노화가 진행된다고 합니다. 심근경색과 뇌경색을 유발시킬 가능성이 높은 고지혈증은 식생활 개선이 가장 좋은 약입니다. 7년간 고령자시설에서 근무하면서 균형 잡힌 식생활이 얼마나 건강에 중요한지 직접 목격할 수 있었습니다.

그런 점에서 노인시설은 안심입니다. 그뿐 아니라 몸을 움직이거나 두뇌회전 할 수 있는 기회를 많이 제공해 줍니다. 단, 시설은 자기 마음대로 해야만 하는 사람, 집단생활에 적응하지 못하는 사람, 외로움을 잘 타고 타인의존적인 사람에게는 조금 힘들 수 있습니다. 나중에라도 노인시설을 염두에 두고 있다면, 건강할 때 들어가는 것도 좋은 방법입니다. 그러면 조금이라도 빨리, 유연하게 새로운 환경에 적응할 수 있기 때문입니다.

## 72
# 세일즈맨을 가장한 사기꾼 - 친구 F에게 있었던 일

어느 날, 친구 F가 입에 거품을 물며 이야기하고 있었습니다. 사건의 전말은 이렇습니다. 그녀는 90세 된 시어머니를 모시고 사는데 시어머니는 평소 그림을 즐겨 그리실 정도로 건강한 분이라고 합니다. 그런데 F가 집을 비운 어느 날, 집으로 찾아온 세일즈맨에게 넘어가 고액 할부상품을 계약한 것입니다. "나한테는 요만한 돈도 벌벌 떠시면서, 처음 보는 젊은 남자 사탕발림에 넘어가서 사기를 당하시다니!" F가 흥분해서 말했습니다. "그럼, 좀 풀이 죽으셨겠네?"라는 나의 물음에 "무슨? 오히려 더 당당하게 "얼마나 친절한 사람이었는데 그러냐? 내 어깨도 주물러 주고 절대로 나쁜 사람 아니다!" 라면서 사기꾼을 감싸시는 거야. 내가 하도 기가 막혀서 "어머니, 세상이 그렇게 내 맘 같지가 않아요. 제가 늘 조심하시라고 말씀드렸잖아요. 자기를 사기꾼이라고 말하는 사기꾼이 어디 있어요? 어머니 연세를 한번 생각해 보세요. 다음부터는 할부계약 같은 건 절대로 하시면 안 됩니다. 아시겠죠?" 그랬어. 그런데 어머니가 뭐라고 하셨을 것 같아? "내 돈 내가 쓰는 거다. 그러니까 손해를 보든 뭐하든 네가 참견할 바 아니다!" 아이구, 내가 정말 어찌나 화가 나던지." F는 숨도 쉬지 않고 이야기 했습니다.

듣고 보니 그녀의 시어머니는 외로우셨던 겁니다. 잠깐 나갔다 오겠다는 며느리는 오지 않고 사람이 그리운데, 마침 친절한 남자가 나타난 것입니다. 너무 기뻐서 사기꾼에게 감쪽같이 속아 넘어간 것 아니겠습니까? 금전적인 손해를 본 것은 유감입니다만 운이 나빴다고 밖에 할 말이 없습니다.

"그런 세일즈맨은 출장호스트야. 호스트!" 다시 흥분하는 그녀에게 "응, 정말 말 되네."라고 대꾸했습니다. 가족과 함께 살고 있어도 위험은 잠시잠깐 방심의 틈을 뚫고 들어옵니다. 만약 혼자 사는 노인이었다면 맹수 앞의 먹잇감과 뭐가 다르겠습니까? 누가 와도 절대로 현관문을 열지 않고 대응하는 것은 기본 중의 기본입니다. 그러나 아무리 주의를 해도 지능적인 범죄자에게 '절대로' 넘어가지 않는다는 보장이 없습니다.

F의 이야기는 속편이 있습니다. 놀랍게도 그 세일즈맨이 또 찾아왔습니다. 그런데 이번에는 F에게 다가와서 "지난번 시어머님 건은 정말 죄송하게 됐습니다. 그러나 이번에는 다릅니다. 반드시……"로 시작한 이야기는 "정말 지적인 분이시네요. 도시의 세련된 분위기가 물씬 풍기십니다." 오랜만에 잘생긴 남자가 칭찬해주니 붕 떠서 자기도 모르는 사이에 그만 세일즈맨의 이야기에 푹 빠져들었답니다. "그때, 전화벨이 울려서 제정신으로 돌아왔어. 정말 큰일 날 뻔했지 뭐야. 시어머니를 뭐라고 할 자격이 없어." 그녀는 반성했고 우리는 박장대소했습니다.

F는 그 일이 있은 후 이렇게 현관에 써 붙였습니다.

'세일즈맨 절대 사절, 속지말자 친절 미소'

73

# 사기를 당해도 대책은 있다

대형백화점이나 대형마트는 자체 환불규정이 있어서 소비자의 권리가 보호받을 수 있지만, 인터넷쇼핑몰, 소규모 업소, 시장 등은 다릅니다. 피해를 입은 소비자가 소비자원에 신고하더라도 소비자보호법에는 이행강제성이 없어서 소비자가 쉽게 구제받지 못합니다. 소비자가 민사소송을 시도하려 해도 소송에 소요되는 비용과 시간 때문에 소송을 포기하는 경우가 많습니다.

일본, 미국 등의 선진국과 달리 한국 노인소비자를 위한 법적 장치는 상당히 미비하고 초보적인 수준입니다. 다음 내용은 '시민사회신문' (2010. 4. 21) 기사를 요약한 것입니다.

> 공정거래위원회에 신고 접수된 노년 소비자 피해 사례가 해마다 늘고 있다. 보건복지부가 '노인

대상 불법판매행위 접촉경험여부 및 피해실태'를 조사한 결과, 65세 이상 노인 49.4%가 부당 판매행위를 경험한 것으로 나타났다. 접촉유형은 효도관광, 강연회, 홍보관 등이었으며 구입한 물품은 건강보조식품, 의료기 등이었다. 노인들은 구매한 제품에 불만이 있어도 대부분 신고절차와 방법을 몰라서 신고하지 않는 것으로 나타났다.

노인소비자의 피해가 사회문제화되고 있는 오늘날, 노년 소비자를 하나의 소비자 계층으로 인정하고 취약 소비자인 노년 소비자 보호를 좀 더 체계화해야 한다. 현재 '노인복지법', '소비자 기본법' 등에서 이를 위한 규정이 명시되어 있지만 선언적 규정에 그치고 있는 것이 현실이다.

이러한 현실을 개선하기 위하여 보건복지가족부는 2009년 10월 '노인 소비자 권익보호대책'을 발표하고 신고창구마련 및 규제기관과의 연계체계 구축 등을 추진할 계획이라고 밝혔다. 또한 한노연(한국노년소비자보호연합)도 각종 노년 소비자 문제를 철저히 수집 · 연구하여 입법 활동을 촉구함과 동시에, 노년층 소비자교육과 상담, 감시활동 등을 실시하여 노인 복지와 소비자 보호의 가교역할을 하겠다고 선언했다.

## 74
## '정든 집'은 환상이다

아무리 오래 살아온 동네라 하더라도 적당히 거리를 두고 인사 정도만 하고 지내는 것이 이웃관계를 유지하는 방법입니다. 하물며 대도시는 이웃이라는 개념 자체가 희박합니다. 살인사건이 나도 "글쎄요. 비명소리가 들린 것도 같고……" 이웃에서 이렇게 반응하는 게 현실입니다. 이웃에서 수상한 소리가 들려도 관여하고 싶지 않아서 잠자코 있습니다. 도둑이 들어도 "도둑이야!"라고 하지 말고 "불이야!"라고 소리치는 것이 상식이 되어버린 요지경 세상. 서로 음식을 나누어 먹는 정도의 관계는 좋지만 친절을 가장한 말 한마디로 상처를 주고받는 경우도 종종 있습니다.

친구 R에게 있었던 일입니다. 시아버지를 단기요양 시설에 모시고 가려고 현관을 나서는데 이웃집 노인과 마주쳤습니다. "어디 가세요?" "시설에 시아버님을 모시고 갑니다." "어머, 저런." 그날은 이렇게 별 생각 없이 대화를 주고받았는데, 나중에 큰일이 벌어졌습니다. 시설에 안가겠다는 시아버지와 실랑이를 벌인 것이 화근이었습니다. "겉보기와는 전혀 다른 며느리라지 뭐예요? 가지 않겠다는 시아버지를 억지로 끌고 갔대요."라는 소문이 이웃에 쫙 퍼진 것입니다. 그런 사람은 어디든 있다고 위로했지만 본인은 너무도 억울한 나머지 이사라도 가고 싶은 심정이라고 하더군요.

## 75
# 노후에는 신천지로 떠나라

어디든 남의 일에 대추 놔라 감 놔라, 이러쿵저러쿵 떠들기 좋아하는 사람이 있기 마련입니다. 그리고 사람이라면 누구든 그러한 요소를 조금씩 갖고 있을지도 모릅니다. 착한 사람이 때로는 남에게 잔혹해 지기도 합니다.

한 동네에서 오래 살다보면 좋은 일, 나쁜 일 모두 일어나는 것이 어쩌면 당연합니다. 그렇다면 장소는 어디가 됐든 상관없지 않을까요? 살다보면 그곳이 고향이 되는 것입니다.

어차피 혼자 살게 된다면 큰 맘 먹고 살던 동네를 떠나는 것은 어떨까요? 바닷가 아파트, 온천이 붙어 있는 요양시설 등등. 살던 동네만 고집하는 것은 남은 인생을 생각해볼 때 아깝다는 생각이 들기도 합니다.

## 76
# 고령자시설은 노후의 낙원

“허, 기분 좋다! 온천에 들어갈 때마다 이 말이 절로 나와. 팔 다리를 쭉 뻗고 있으면 정말 행복해. 이제 지긋지긋한 집안일에서 해방이야.” 친구 M이 말했습니다. 그녀는 친구 소개로 수도권에서 신칸센(초고속열차)으로 1시간 거리에 있는 노인요양시설에 입주했습니다.

그곳은 유명한 온천 관광지에 자리 잡고 있으며, 전통이 30년이나 되는 ‘유료노인요양시설의 시초’라고 볼 수 있는 곳입니다. 처음 지어졌을 때 보통사람은 꿈도 꿀 수 없는 곳이었지만 오랜 시간이 흐른 지금은 서민들도 한번쯤 생각해볼 수 있을 만큼 가격이 떨어졌습니다. 태평양이 한눈에 들어오는 전망에, 바로 옆에는 전 일본수상의 별장이 자리 잡고 있는 최고의 입지조건입니다.

모든 것이 완벽하게 갖추어져있는 가운데 한가한

생활을 누리는 그녀가 부러울 따름입니다. 24시간 간호사가 대기하고 있고, 화재나 방범상의 걱정도 할 필요 없이 편안히 잠들 수 있습니다. 평생 남편과 시부모님을 포함한 일곱 식구 식사 준비로 하루를 보낸 M. "남이 해준 밥은 뭐든지 맛있어!"라며 환한 얼굴로 웃으며 말했습니다.

우거진 숲속 실개천으로 밤마다 반딧불이 찾아와 춤추고, 산책코스를 따라가다 보면 미술관이 저만치 보입니다. 그녀와 함께 식당에서 식사를 해보았는데 집에서 만든 음식처럼 정성이 가득했고 직원들 태도도 참 훌륭했습니다. 병이 나 병간호가 필요해지면 노인장기요양보험 혜택도 누릴 수 있고, 간병 도우미도 상주하고 있습니다.

취미활동도 다양해서, 그림, 당구, 시조 짓기, 댄스, 합창부 같은 모임이 있습니다. 마음만 있다면 지루하지 않게 하루를 보낼 수 있고, 무엇보다도 치매예방이 돼서 좋겠다는 생각이 들었습니다. 도서관, 세탁실 같은 시설이 갖춰 있고, 월 2회 의사가 와서 진료 및 무료건강진단을 해줍니다. 최근 노인들 사이에 스파, 온천여행이 인기몰이 중이라는데 이곳에 있으면 매일 매일이 온천입니다.

## 77
## 시설의 비용은?

일부 특권계층만이 이용할 수 있었던 고액 노인요양시설이 많이 달라졌습니다. 억 단위 입주비가 필요한 시설도 있지만, 노인장기요양보험이 실시된 이래 월단위로 이용금액을 낼 수 있는 시설이 급증하고 있습니다.

과연 어느 정도의 비용이 필요할까요?

우리나라도, 일본과 유사한 개념의 시설이 많이 있습니다. 시설 수준과 이용료도 매우 다양합니다. 보통 수준에서 1인 기준으로 보증금 4,800만 원~8,000만 원, 월 이용료 60만 원~80만 원 정도입니다. 부부가 함께 이용하는 경우, 평수 등의 조건에 따라 금액이 많이 달라집니다. 장기요양이 필요한 고령자가 국민건강관리공단에서 장기요양 등급판정을 받으면 월 50만 원 정도의 시설이용료를 내고 이용할 수 있는 요양시설도 있습니다.

## 78
## 시설 선택은 신중하게

보증금은 필요 없고 월 이용료만 내는 시설도 있습니다. 비용은 천차만별이므로 인터넷이나 정보지 등을 통해서 꼼꼼히 사전 조사를 해보기 바랍니다. 지방보다는 수도권이 훨씬 선택의 폭이 넓습니다. 반드시 자신에게 맞는 시설을 찾을 수 있을 것입니다. 단, 주의할 점은 보증금입니다. 보증금은 처음 들어갈 때 기본적으로 상당 부분이 빠지므로, 시설이 마음에 안 든다고 자꾸 여기저기 옮겨 다니면 큰 손해입니다. 그러지 않기 위해서라도 결정하기 전에 견학, 체험입주 등을 반드시 해야 합니다. 가능하면 실제로 입주해 있는 사람들의 의견을 듣는 것이 가장 좋습니다. 시설 영업사원의 권유보다는 그들의 의견을 듣는 것이 훨씬 도움이 됩니다.

인간관계는 시설생활을 좌우하는 중요한 요소입니다. 따라서 어떤 사람들이 입주해 있는지 알아보는 것이 정말 중요합니다. 입주체험을 해보고 마음에 드는 곳이 있다면, 친구와 함께 다시 가보는 것도 좋은 방법입니다. 어쩔 수 없어서 쫓기듯 들어가지 말고 체력과 판단력이 충분히 있을 때 미리 결정해 놓는 것이 중요합니다. 준비는 60대에, 입주는 75세 전에 할 것을 개인적으로 권하고 싶습니다.

## 79
# 혼자 살 때 도움 되는 24가지 팁

1. 어디를 가도 잘 수 있도록 연습하라

입원하게 되면 커튼을 닫아도 빛이 새어 들어오거나, 옆 침대에서 소음이 들려올 수 있습니다. 이런 경우를 대비해서 아이마스크, 귀마개를 하고 어디에서는 잘 수 있는 연습을 해 놓읍시다.

2. 응급상황에 대한 대비

- 가족이나 친구에게 아침, 저녁으로 안부전화를 걸어달라고 부탁해 놓는다.
- 응급상황이 벌어지면 119에 전화한다.
- 위치추적 기능이 있는 핸드폰을 사용해 가족이 자신의 위치를 파악할 수 있게 한다. 집안에서도 늘 핸드폰을 지니고 다닌다.
- 평소에 응급실이 잘 갖추어져 있는 병원을 다녀서 자신의 의료기록이 남아있게 한다.

· 고령자는 특히 화장실에서 미끄러지기 쉬우므로 미끄럼방지 장치(바닥깔개, 욕조 안 손잡이 등)를 갖추어 놓는다.

3. 혼자 노는 연습을 하라

평상시에 혼자서 카드놀이를 하거나, 콘서트나 여행을 홀로 가보는 것도 색다른 경험입니다.

4. 사기당하지 않도록 주의하라

사기꾼의 사탕발림에 속지 맙시다. 속임수에 넘어가는 것은 욕심을 부렸기 때문입니다. 이해하기 어려운 투자금융상품도 가입하지 맙시다. 가끔 로또를 사는 것으로 만족합시다.

5. 컴퓨터를 배워라

컴퓨터를 아는 사람과 모르는 사람은 인생이 다르다고 말해도 과언이 아닙니다. 지금이라도 늦지 않았습니다. 1년만 배우면 누구라도 할 수 있습니다. 시간이 많은 노후 생활에 컴퓨터 1대만 있으면 심심하지 않습니다. 다리를 못 써도 할 수 있습니다.

6. 몰두할 수 있는 취미를 가져라

취미는 가능한 혼자서도 할 수 있고 눈에 보이는 결과물이 나오는 것이 좋습니다. 그림, 수예, 뜨개질, 시조 짓기, 마작, 바둑, 카드, 댄스 등을 하며 다른 사람들과 어울리는 과정에서 뇌 활성화에 도움이 됩니다.

7. 늘 사회와 연관을 맺도록 노력하라

취미를 살려서 복지시설에서 자원봉사를 하는 일. 얼마나 좋습니까? 즐거워하는 사람들 얼굴을 보면 나도 힘이 납니다. 잘하지 못해도 성의만 있다면 할 수 있습니다.

8. 멋을 부리고 밖으로 나가라

기분이 우울할 때 멋을 부리고 외출하십시오. 밖에 나와서 차 한 잔을 마시는 것만으로도 기분이 좋아집니다. 아이쇼핑도 좋습니다.

9. 피로를 다스려라

피로가 누적되면 마음이 안정되지 못합니다. 마사

지를 받거나 스파, 아로마 테라피 등을 이용하여 피로를 풀도록 합시다.

10. 엽서 마니아가 되어라

가방 속에 그림엽서와 우표를 넣어 두면 좋습니다. 멋진 풍경을 보았거나, 살짝 기분이 상하는 일이 있을 때, 커피숍이든 전철 안이든 꺼내서 쓰면 됩니다.

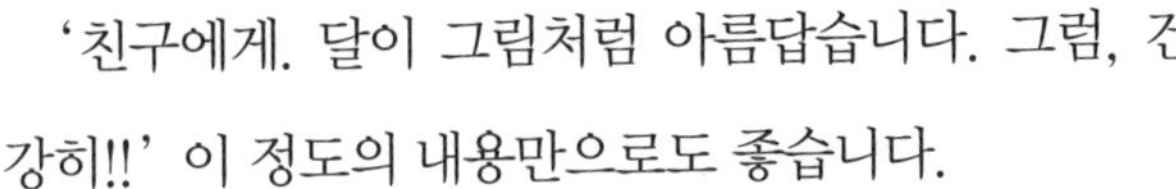

'친구에게. 달이 그림처럼 아름답습니다. 그럼, 건강히!!' 이 정도의 내용만으로도 좋습니다.

11. 마음을 표현하라

누구에게나 마음을 주라는 뜻이 아닙니다. "당신이 있어서 나는 마음이 놓입니다. 무슨 일이 있으면 와 주실 거라고 생각하면 너무 든든합니다. 잘 부탁드립니다."라고 자신의 마음을 전달하는 것입니다.

상대편도 "저야말로 그렇습니다. 고맙습니다."라고 대답하지 않겠습니까?

어떤 인간관계든, 나를 지켜 줄 라이프 라인이 될 수 있습니다.

### 12. 서로 도울 수 있는 친구를 많이 만들어라

'친구의 친구는 내 친구' 입니다. 어려운 일이 있을 때 의논할 수 있는 사람들 이름과 전화번호를 적어서 집에 붙여 두기도 하고, 늘 가지고 다니면서 봅시다. 그렇게 하는 것만으로도 마음이 뿌듯해집니다.

### 13. 친구끼리는 더치페이

친구사이에서 한쪽이 일방적으로 돈을 쓰는 것은 좋지 않습니다. 이번에 내가 신세를 졌으면 다음번에는 내가 낼 차례, 이런 식으로 서로 배려하는 마음이 필요합니다. 상대가 한참 나이가 어리거나 평소에 신세를 지고 있는 사람이라면 당연히 내가 돈을 내야 합니다. 상대가 나를 위해 특별히 시간을 내 주었을 때에도 그에 맞게 예를 다하는 것이 성숙한 태도입니다. 하지만 친구는 대등하다는 사실을 잊지 않아야겠습니다.

### 14. 마음이 즐거우면 건강은 따라온다

삶의 목표가 있다, 매일 글을 쓴다, 자원봉사를 한다, 많이 걷는다, 몸가짐을 단정히 한다, 균형 잡힌 식사를 한다. 이 모든 것을 실천한다면 건강은 저절로 따라옵니다.

15. 자리에 눕지 않는다

몸이 안 좋다고 자꾸 누워 버릇하면 운동부족으로 모든 기능이 저하됩니다. 이것이 장기화되면 자리보전, 치매로 발전할 수 있습니다. 밖에 나가지 않고 집에만 있으려는 사람도 위험합니다. 무조건 밖으로 나가야 합니다.

16. 초기감기에 현명하게 대처하는 방법

· 목이 따끔거릴 때 껌을 씹는다. 타액이 목을 적셔 주어 기침을 멈추게 해준다. 틀니에 잘 붙지 않는 껌도 시중에 나와 있다.
· 화장실에 갈 때마다 입 안을 헹구어 낸다. 각종 균을 물리칠 수 있다. 최근 10년 동안 감기에 걸리지 않았다는 사람의 조언이다.
· 안 입는 재킷의 어깨 패드를 뜯어서 파자마 어깨에 대고 꿰매 놓는다.
 추울 때 어깨를 따뜻하게 하는 것이 중요하다. 추

운 날 밤에는 털모자를 쓰고 잔다.

· 건조한 날에는 젖은 마스크를 하고 잔다. 참고로 비행기 안에서 젖은 마스크는 필수. 비행기에서도 젖은 마스크를 하고 한 숨 잔다. (마스크가 다 말라있을 무렵 하와이에 내립니다. 하와이 전문가 친구의 말입니다.)

· 머리맡에 자리끼를 준비해 놓는다. 밤에 화장실에 갈 때마다 물을 마신다. 고지혈증이 있는 사람이 실천하면 좋다.

· 무를 썰어서 꿀에 하룻밤 재어 두었다가 따뜻한 물을 타서 마신다.

· 식욕이 없거나 목이 부어서 음식을 넘길 수 없을 때 유자차나 허브차를 마신다.

· 항상 목을 따뜻하게 한다. 스카프 등으로 목을 보호한다.

· 족욕을 하면 좋다. 뜨거운 물에 아로마오일을 한두 방울 떨어뜨리고 입욕제, 술, 소금을 넣으면 더 좋다.

· 계절 독감은 감기와 달라서 푹 쉰다고 낫는 게 아니다. 38도 이상의 열이 나고 평소와 느낌이 다를 때는 서둘러 병원으로 가야 한다. 고령자는 치료 시기를 놓치면 폐렴으로 발전하여 사망하는 경우가 다반사다.

17. 수다를 떨면 기운이 난다

대화를 나누면 정보교환이 될 뿐 아니라 뇌가 활성화되고 오감이 자극된다. 또한 신체의 여러 기능이 활성화된다. 수다 떨기를 좋아하는 사람은 대체로 건강하며 미인이 많다.

18. 타이머를 활용하라

부엌에서 쓰는 요리타이머를 목에 걸고 산책을 한다. 30분 예정이었다면 15분으로 맞추어 놓는다. 15분 후 벨이 울리면 되돌아간다. 집에서 신문 읽기, 독서, 청소 등을 할 때 타이머를 활용해서 시간을 정해 놓고 하면 시간낭비가 줄어들어 그만큼 자유시간이 늘어난다.

19. 전화 세일즈 퇴치법

물건을 권유할 때는 마침 산 지 얼마 되지 않았다고 말한다. 전화 끊을 타이밍을 놓쳤을 때는 수화기를 테이블에 살짝 내려놓았다가 말이 끝났다 싶을 때 전화를 끊는다.

20. 양치질을 하기 위해 허리를 굽히고 있을 때는 제자리걸음을 하며 다리 운동을 한다.

이렇게 하는 것만으로 허리가 삐끗하는 것을 예방할 수 있다. 무거운 물건을 들어야 할 때는 몸을 낮추고 허리를 구부린 자세를 취한다.

21. 진통제는 양을 줄여서

의사 처방이 하루 3회였다면, 하루 2회로 조절한다. 손, 발, 허리 통증은 그 부위를 쉬게 하는 것이 가장 중요하다.

완전히 통증이 가라앉으면 자꾸 움직이게 되므로 안정을 취할 수가 없다. 따라서 약간의 통증을 남겨두는 것이 좋다.

### 22. 뻔뻔한 남편에게는 그만한 대가를 치르게 하라

"누구 덕분에 네가 먹고 사는지 알아?"라고 말하는 구석기 시대의 남편을 참을 수 없어서 이혼을 결심했다면 용의주도하게 준비한다. 결혼 후 형성된 재산은 명의와 상관없이 반은 아내의 몫이다.

### 23. 상조회가 모든 것을 다해 주지는 않는다

본인이 원하는 장례에 어느 정도의 비용이 드는지, 여러 곳에서 구체적인 견적을 받아 놓는다. 또한 담당자가 얼마나 성실한 사람인지, 인품을 정확하게 파악해 놓는다. 미리 준비해 두지 않으면 장의사가 하자는 대로 흘러간다. 후일, 청구서를 보고 유족들이 당황하게 되어도 이미 때는 늦은 것이다. 장의사 입장에서는 사전에 미리 결정해 놓는 고객보다는 사후에 의뢰해 오는 쪽이 더 편하다.

### 24. 모든 활동을 몸의 상태에 맞추어라

먼저 자신의 연령을 생각해 본다. 두뇌회전은 젊은

이 못지않게 빠를 수 있지만 몸에 관한 한 나이를 무시할 수 없다. 컨디션이 좋지 않은 날은 무리하지 말고 쉬는 것이 좋다.

# Part 06
# 간병을 한다는 것, 받는다 것

## 80
# 버려지는 노인이 없는 사회를 위하여

모든 후기고령자(75세 이상)가 장기요양이 필요한 것은 아닙니다. 내가 활동하고 있는 '무지개회'는 발족한지 26년이 되니 이제는 회원 절반 정도가 후기노령자가 되었습니다. 모두들 곧잘 여기저기 아프다는 말은 하지만 그래도 비교적 건강하고 활기에 넘칩니다. 그들이 건강한 이유는 늘 사람들과 만나고, 자원봉사 등을 통해 사회와 연결되어 있기 때문입니다.

그러나 나이에는 장사 없습니다. 90세쯤 되면 치매에 걸리는 회원이 생기기도 합니다. 내 경험에 의한 것이지만, 치매에 걸리더라도 약 20퍼센트 정도만이 장기요양이 필요합니다. 건강할 때 정보를 모으고 대책을 세워서 준비해 놓으면 치매도 무섭지 않습니다.

어느 간호사가 이런 이야기를 해주었습니다. 그녀는 야근 때는 40명 정도의 환자를 혼자서 담당한다고 합니다. 쉴 새 없이 간호사를 찾는 벨이 울려서 잠시

도 쉬지 못하고 밤 근무를 하던 어느 날이었습니다. 입원 중이던 한 남자 노인이 침대 위로 변이 새자 벨을 눌렀습니다. 시트를 갈고 20분이 채 지나지 않아서 또 벨이 울렸습니다. 그 남자 노인은 변이 묻은 손으로 방 여기저기를 돌아 다녔습니다. 하는 수 없이 침대에 묶어놓을 수밖에 없었는데 괴성을 지르는 바람에 몹시 애를 먹었다는 것입니다. 그 환자는 가족과 연락이 되지 않고 입원비도 밀려있어서 병원이 몹시 난감해하고 있으며, 최근 이런 환자가 늘어가는 추세라고 합니다.

텔레비전에서 미국 병원이나 시설에 있는 노인을 길에 버려서는 안 된다는 법률이 제정되었다는 뉴스를 본 적이 있습니다. 이런 법이 생겼다는 것은 실제로 미국에서 그런 일이 일어나고 있다는 뜻일 겁니다. 미국에서 일어난 사회현상이 얼마 뒤 실제로 우리나라에서도 발생하는 예가 많으므로 방심할 수 없습니다. 참으로 힘겨운 시대를 살아가고 있습니다. 우리나라도 빠르게 고령사회가 진행되고 있습니다. 길에 사람이 버려지는 것은 너무 심하다 하더라도, 갈 곳 없는 노인들이 정말로 다리(橋) 밑에 웅크리고 모여앉아 있는 날이 오지는 않을지 두렵습니다.

그런 날이 오지 않도록 사회는 노인 장기요양문제를 당사자의 입장에 서서 생각하고 실행하지 않으면 안 됩니다.

81

## 장기요양, 남의 일이 아니다

현재 많은 병원에서 야간 근무 때 간호사가 혼자 돌보는 환자 수는 평균 40~50명에 이릅니다. 상황이 이러니 입원했다고 마음을 놓을 수가 없습니다. 노인 시설도 상황은 크게 다르지 않아서 노인환자 40~50명당 직원 한 두 명이 근무합니다. 그런데 이들은 전문 간호사가 아니고 뜻이 있어 다른 사람들이 싫어하는 노인복지 분야에서 일하는 사람들입니다. 그러나 저임금과 과도한 노동으로 건강을 해치거나 의욕을 잃고 전직하는 경우가 허다합니다. 장기요양보험 제도에서 제공하는 서비스 질이 떨어지는 게 당연하고 이것이 바로 오늘날 노인복지 현장의 실정입니다. 아무리 보람 있는 일이라도 현장에서 일하는 사람들에게 기본 생활이 보장되지 않는 한, 질 높은 서비스는 기대할 수 없습니다.

요즈음은 노인시설에 들어가기 위해서 순서를 기다려야 하는 경우도 허다한데, 순서가 돌아와서 시설에 들어갔다 한들 기저귀를 갈아 줄 사람이 없다면 무슨 의미가 있을까요? 아침에 한 번 갈면 저녁까지 그대로 끈적끈적해진 엉덩이로 있어야 한다면……. 저출산으로 인해 젊은 사람 수는 그대로인데 늘어나는 것은 고령자뿐입니다. 이런 상황에서 어떻게 안심하고 노후를 보낼 수 있겠습니까?

절망하기 전에 방법을 강구해야 합니다. 무엇보다 여론을 환기시켜야 합니다. 신문, 잡지 등의 언론에

투고하여 고령자의 목소리가 반영되도록 해야 합니다. 내 행복은 내가 지킨다, 라는 강한 의지로 행동하는 것이 중요합니다. 90세, 100세까지 사는 것도 가능해진 고령사회에서 노인 장기요양 문제는 노인문제의 화두입니다. 보다 더 사회보험의 혜택이 두터워질 수 있도록 남에게만 맡기지 말고 노력합시다. 우리 삶의 질과 생명이 달린 사안입니다.

## 82
## 장기요양보험의 이념

국가나 지방자치 단체에서는 '지금까지 살던 고향에서 오순도순 살아가는 노후.' '살던 집에서 가족들의 보살핌을 받는 노후'를 맞는 것이 마치 가장 행복한 양 주장합니다. 시작과는 달리 노인장기요양보험의 취지가 장기요양 '예방'과 '지역밀착'으로 변해가고 있습니다. 보통사람들에게도 '내 집에서 가족들에게 둘러싸여' 라는 말은 이상적으로 들립니다. 그러나 나는 이 말이 왠지 진정성이 떨어지고 위선적이라는 인상을 지울 수가 없습니다. 집이니, 지역이니 하는 달콤한 말로 노인 장기요양 문제를 가족에게 떠넘기려는 꿍꿍이가 엿보이기 때문입니다.

처음 시작될 때 노인장기요양보험은 가족이 노인의 병구완을 전부 도맡기가 어렵기 때문에 사회와 국가가 고통을 분담한다는 취지였습니다. 그런데 뚜껑을 열어보니, 서비스 이용이 예상을 뛰어넘었습니다. 이런 추세로 가다가는 재정이 파탄날 것이라는 생각에 임시변통으로 '예방' 이니 '지역밀착' 이니 하는 작전을 들고 나온 것입니다. 결국, 다시 가족에게 모든 짐을 떠넘기고 있다는 생각을 하는 것은 나뿐만이 아닐 것입니다.

'예방' 과 '지역밀착'. 말은 참 좋습니다. '예방' 이란 병에 걸리지 않도록 도와드리겠습니다, 라는 뜻이고 '지역밀착' 은 지역사회가 힘을 합하여 고령자를 돌보자는 말입니다. 그러나 이 말은 미사여구에 지나지 않습니다. 바꾸어 말하면, '더 이상 보험 이용자가 늘면 곤란하니까 병에 걸리면 안 됩니다. 병이 들면 가족들이 힘을 합쳐서 돌보세요.'가 아니겠습니까? 핵가족화, 저출산 추세, 여성의 사회진출 등으로 전업주부가 드문 현실에서 가족 특히, 주부에게 병구완을 떠넘기려는 것입니다. 이는 가족 누군가의 희생을 강요하는 것이며, 병구완을 하던 가족이 병에 걸리거나 일을 그만두어야만 하는 결과를 초래할 뿐입니다. 만일 여러분이 쓰러지는 일이 생기더라도 가족 누가 희생되길 원하지는 않을 것입니다.

병구완은 가족애만으로 극복할 수 없습니다. 그렇기 때문에 노인장기요양보험이 탄생했는데 시작된 지 얼마 되지도 않아 초심을 잃고 말았습니다. 바로 이것이 노인장기요양보험의 현주소입니다.

## 83
# 노인 병구완은 끝이 보이지 않는 터널

**노인요양과** 관련된 지원 사업은 서비스업에 속한다고 합니다. 맞는 말이라고는 생각하지만, 마치 호텔을 고르듯이 노인요양시설을 선택할 수 없는 것이 현실입니다. 노인요양시설의 수와 서비스 질은 제한이 있는데 당사자(본인보다는 가족)들의 요구사항은 점점 많아지고 있습니다. 만족하는 예는 거의 드물고, 자꾸 욕심을 내서 양질의 서비스를 받고자 하는 것이 그들의 심경일 것입니다.

간병중인 가족들은 끝이 보이지 않는 터널을 걸어가는 심정입니다. 그들은 언제 끝날지 모를 병구완이라는 늪에 빠져 고통스럽게 허우적거리고 있습니다. '이 상태로 가다가 내 인생 이러다가 끝나는 건가?' 하는 절망감에 눈앞이 캄캄하고 때로 죽고 싶은 마음이 들곤 합니다.

15년이란 오랜 세월 동안 친정어머니와 시어머니를

간병했던 나 역시도 얼마나 괴로움에 몸부림치며 고통스러워했는지 모릅니다.

## 84
# 당사자와 가족, 서로 다른 생각

나는 1999년부터 7년간 요코하마市에 있는 단기노인요양시설 '와카쿠사'에서 시설관리장으로 일하면서 1,000명이 넘는 노인과 가족들을 만났습니다. 그때 목격한 것은, 환자인 이용자 본인과 가족의 생각은 전혀 다르다는 사실입니다. 가족들은 '간병지옥'에서 벗어나고 싶은 마음에 하루라도 더 오래 환자를 시설에 맡기고 싶어 하지만, 환자 본인은 하루라도 빨리 집에 가고 싶어 합니다. 치매환자 병동에서는 저녁마다 진풍경이 펼쳐집니다. 엘리베이터 앞은 집에 가겠다며 직원들에게 필사적으로 매달리는 노인들로 붐빕니다.

싫다는데 집으로 돌려보내지 않는 것은 인권을 짓밟는 것 아니냐는 이야기를 들은 적도 있습니다. 그러나 노인이 밤새 자지 않고 소동을 일으켜서 뜬눈으로 밤을 새우며 부엌에서 술을 들이키는 가족들은 누가 보살펴 줍니까?

30년 동안 간병을 했다는 한 여성이 이렇게 말했습니다. “저 사람은 부모가 아니에요. 귀신이에요. 자기 자식 잡아먹는 귀신이요. 죽이고 싶었어요.” 그녀의 고통스러운 울음은 한동안 그치지 않았습니다.

한편, “죄송합니다. 죄송합니다.”하며 계속해서 머리를 조아리던 다른 여성은 시어머니를 시설에 보냈다는 죄책감과 따가운 주위 시선에 괴로워했습니다.

노인장기요양보험은 ‘간병지옥’에서 벗어나기 위해 가족들이 꼭 알아야 할 제도이지만 아직도 인지도가 낮습니다. 나는 오랜 시간 그들 입장에서 그들을 돕기 위해 열심히 노력해왔습니다. 책이나 강연을 통해서 ‘무리하지 않는 간병 생활’을 제창해왔는데, 최근에는 ‘고령자 학대’, ‘고령자 인권문제 ‘에 관한 강연 의뢰가 증가하는 추세입니다.

간병하는 가족이 고령화하여 '노인이 노인을 돌보는' 사례가 늘고 있습니다. 어느 편에 서서 이야기를 해야 좋을지 난감해지곤 합니다. 가해자가 피해자가 되고, 피해자가 가해자가 되는 상황입니다. 그렇다면 이 모든 상황을 처음부터 다시 정리해서 판단해야 할 때 아닐까요? 당장 해당 기관(국민건강보험관리공단, 요양시설 사업자 등)에 도움을 요청해야 합니다. 주저하지 말고 SOS를 치십시오. 반드시 누군가 도움의 손길을 내밀어 줄 것입니다.

## 85
## 간병 '받는' 시뮬레이션이 필요하다

누구나 늙으면 간병을 하는 처지가 될 수도, 간병을 받는 처지가 될 수도 있습니다. 간병하는 처지가 되면

막대한 육체적, 정신적인 에너지가 소모되는데, 그래도 장기요양 서비스나 다양한 상담창구라는 돌파구가 있습니다. 그런데 간병을 받는 처지에 놓이게 되면......? 나 자신도 여기에 생각이 미치면 불안해지는 게 사실입니다. 오랜 세월 가족을 간병했으며 요양시설에서 사무를 보았던 경험이 있는데도 말입니다. 서점에 가 봐도 인터넷을 검색해 봐도 간병 받는 입장에서 쓴 책은 없기에 그 이유를 생각해 보았습니다. 아마도 의식적으로 간병 받는 상황을 생각하고 싶지 않은 게 사람들의 마음속에 있는 것 같습니다. 그리고 고령이 되면 자리보전을 하는 것이 그렇게 이상한 일도 아니니까 굳이 책으로 나올 필요가 없다고 생각할 수도 있겠지요. 실제로 장기요양이 필요한 고령자는 20퍼센트에 불과하므로 필요 이상으로 염려할 건 없습니다. 그러나 아무리 그렇다고 하더라도 철저한 준비는 나쁠 것이 없습니다. 몸이 건강할 때 간병 받는 상황을 시뮬레이션 해봅시다. 준비는 비관적으로, 행동은 낙관적으로!

## 86
# 돈이면 다 된다?

간병을 받는 입장이 되었다고 가정해 봅시다. 호텔이나 물건을 고르듯이 원하는 서비스를 자유롭게 선택할 수 있을까요? 조금 생각해볼 문제입니다. 보험공단에서는 요양등급을 판정할 때 되도록 낮게 책정하려는 경향이 있습니다. 그러므로 공적인 서비스를 한도액까지 최대한 이용하고 채워지지 않는 부분은 민간 서비스를 이용하는 것도 방법입니다. 민간 서비스는 비용에 따라 천차만별이므로 본인 예산에 따라 선택하여 이용하면 됩니다.

단, 한 가지 사실은 잊지 마십시오. 돈이 있다고 만사 OK는 아닙니다. 쾌적한 서비스를 받는 것도 중요하지만 자신이 '쾌적한 손님'이 되는 것도 그에 못지않게 중요합니다. 손님이 왕이라는 생각에 안하무인으로 대하면 제대로 된 서비스를 받지 못할 뿐 아니라 최악의 경우 시설에서 내몰리는 사태에 이를 수도 있습니다.

87

# 간병하는 자식들에게 보상해 줘라

요양시설에는 다양한 사람들이 옵니다. 주변사람들과 잘 섞이는 사람이 있는가 하면 그렇지 못한 사람들도 있습니다. 전자는 대부분 서비스를 만족해하며 즐겁게 생활합니다만, 후자는 뭘 해도 불만입니다. 좋은 시설을 찾는 것도 중요하지만 자신이 좋은 이용자가 되는 것이 더 중요하며, 이는 자기 집에서 가족이나 사회복지사를 대할 때도 마찬가지입니다.

친구가 겪은 일화를 하나 소개합니다. 지방에서 혼자 사는 어머니 간병 문제를 의논하러 4형제가 모였다고 합니다. 600평 대지에 집을 짓고 사시던 어머는 "죽을 때까지 이 집에서 한 발자국도 나가 않을 거고, 내 눈에 흙이 들어가지 전까지 이 집은 못 판다!"라고 말씀하셨다고 합니다. 집을 팔고 노인시설로 가자, 장남 집으로 가자, 큰 딸 집은 어떠냐? 등등 모든 제안을 다 뿌리쳐서 결국 어머니 희망대로 결정 되었습니다.

그래서 형제 4명이 당번제로 돌아가며 '장거리간병'을 하기로 했습니다. 형제 모두 간병과 관련된 책을 숙독하는 등 마음의 준비를 단단히 하고 간병생활을 시작했습니다.

그런데 놀랍게도 그녀 어머니는 간병해주는 자식에게 돈을 주는 '간병 유급제'를 실시하겠다고 선언했습니다. 낮에 이용하는 시설 이용료는 물론이고 자식들이 찾아오면 하루에 1만 엔 플러스 교통비를 주겠다고 제안하셨답니다. "그럼, 한 달에 30만 엔? 1년이면 360만 엔, 10년이면 3,600만 엔이네! 정말 대단하다!" 그 말에 나는 흥분하고 말았습니다. 그녀 어머니는 만일 도중에 비용이 바닥나면 땅을 조금씩 팔아서 간병 비용에 충당하라고 했다고 합니다.

이 이야기는 부모가 경제적 여유가 있으니 가능한 이야기지만, '부모 병구완은 당연히 자식들 몫'이라고 생각하지 않고 먼 곳에서 일부러 와준 자식의 노고에 보상해 주려는 어머니의 정신이 돋보이는 대목입니다. 그녀 어머니가 실로 존경스러웠습니다. 자녀들도 훌륭합니다. 일과 병구완을 양립하려면 힘들었을 텐데, 어머니 희망을 최우선으로 존중해서 '장거리간병'을 결행했습니다. 이 이야기를 듣고 서로를 배려하는 따뜻한 마음에 큰 감동을 받았습니다.

한편에선 부모 돈을 보고 하는 거 아니냐고 비판할 수도 있습니다. 그러나 아무런 보상도 없이 고달프기만 한 간병을 지속한다는 것은 상상을 초월하는 일입니다. 심신의 노고에 대해 적으나마 보상이나 위로가 따른다면 간병하는 처지에서 훨씬 동기부여가 되고 고통이 경감됩니다.

88

## 가족의 보살핌이 당연한 것만은 아니다

또 다른 이야기가 있습니다. 아들내외와 살고 있던 90세노인(남성)이 자리보전하게 되자 60대 후반의 며느리가 시아버지의 병구완을 맡아서 하게 되었습니다. 그 며느리 말이 "시아버지는 늘 이 집은 노송나무만 쓴 고급주택이다. 이런 집에서 집세도 내지 않고 살 수 있으니 고마운 줄 알고 내가 몸이 이렇게 됐다고 매정하게 굴지 말거라."고 한답니다.

거동이 불편한 또 다른 88세노인(남성)도 장남가족과 함께 살고 있었습니다. 며느리가 기저귀를 갈고 있으면 불편하다, 못한다, 어떻다 하며 불평만 늘어놓고, 단기 요양시설에 가면 좋아하는 술을 못 마시니까 또 불평이라고 합니다. 집에 있을 때 가끔은 술상도 차려주던 며느리를 나쁜 여자라며 욕한다니 참 딱한 노릇이지요.

간병을 고맙게 받아들이고 그런 마음을 표시하는 사람과 그렇지 않은 사람. 여러분이라면 어느 쪽을 상냥하게 대하겠습니까? 만약 여러분이 간병을 받는 처지가 돼도 마찬가지입니다. 늘 감사하는 마음을 갖는 것이 어려운 상황에서도 행복을 느낄 수 있는 방법입니다. 만족하느냐 못 하느냐는 마음먹기에 달린 것입니다.

## 89
# 시설에서 환영받는 사람, 그렇지 않은 사람

이번에는 내가 요양시설의 현장에서 목격한 실례를 들어 환영 받는 사람과 그렇지 않은 사람을 비교해 보려고 합니다.

자리에서 일어나지 못하고 실어증마저 걸린 아내가 남편과 함께 시설에 들어왔습니다. 그 남편은 다리에 가벼운 마비증세가 있었는데, 어느 날 밤 경악할만한 사건이 일어났습니다. 남편이 부인이 보는 앞에서 기저귀를 갈기 위해 다가온 여직원을 추행하려 했습니다. 그는 치매에 걸리지도 취하지도 않았습니다. 여직원이 받은 충격은 이루 말할 수 없고 옆에 있던 부인은 또 얼마나 비참했을까요? 나는 며느리에게 전화로 사정 이야기를 하고 노부부를 데려가 달라고 했습니다. 그러자 며느리가 "이제 남편이 내 말을 믿겠네요."라며 의외의 대답을 했습니다. 실은 집에 있을 때 며느리에게 그런 행동을 했고 남편에게 털어 놓았지만 남편이 믿어주지 않았다는 것입니다.

한편, 대학교수였던 한 노인(남성)은 가족이 여행 등으로 집을 비우면 시설에 들어오곤 했습니다. "다시 와서 기쁩니다. 레이디 여러분(여자 직원)들과 대화를 나누는 것이 얼마나 즐거운지 모르겠습니다. 혹시나 내가 몸이 더 불편해져서 여러분을 힘들게 하기 전에, 여러분과 친하게 지내고 싶습니다. 자, 이번에도 며칠 신세 지게 되었으니 잘 부탁드립니다."라며 정중하게 이야기를 건네곤 했습니다. 당연히 그는 직원은 물론 다른 사람들과도 사이가 좋았습니다.

또 한사람이 기억납니다. 치매를 앓고 있던 노인(남성)이었는데, 직원들이나 내게 다가와서 "정말 당신이 좋아요."라며 귓속말로 속삭이곤 했습니다. 그의 말과 행동에 품위가 있었기 때문에 이상한 느낌을 받지는 않았습니다. 직원들은 모두에게 평등한 서비스를 제공하려고 노력하지만, 우리들도 사람인지라 소리 지르는 사람보다는 웃는 얼굴로 고마워하는 사람을 대하기가 훨씬 수월합니다.

## 90
# 시설에서 보는 인간 군상

**80대 후반의** 한 노인(여성)은 시설에 올 때 반드시 부모의 위패와 앨범을 가져 왔습니다. “아버님은 대영주 가문 출신이셨고, 어머님은 귀족가문의 따님으로서, 만약 지금이 그 때만 같아도 나는……”이라며 늘 자신이 명문가 출신임을 자랑스럽게 말했습니다. 미국 유학시절에 알던 유명한 친구 사진을 꺼내어 이야기를 들려주기도 했습니다. 나는 시간이 나면 그녀 이야기를 듣곤 했지만, 다른 이용자들은 그녀를 멀리 했습니다. 그녀가 로비에 나타나면 곧바로 자리를 뜨는 사람이 있을 정도였습니다. 화려한 과거를 자랑하던 그녀가 어쩌다 인생이 틀어져서 이렇게 되었는지는 알지 못합니다. 공용 화장실을 써야하는 낡은 목조 아파트에서 그녀는 혼자 살고 있었습니다. 그러나 그녀는 절대로 자신의 불운에 대해 말하지 않았고 늘 당당하게 살아가고 있었습니다. 나는 그녀의 자세에서 왠지 모를 감동을 받았습니다.

90세를 조금 넘긴 한 노인(여성)은 "요 며칠 며느리가 잘 웃지 않는 것 같아서 내가 잠시 시설에 가겠다고 말했어."라며 태평하게 말했습니다. 시설에 와 있는 동안 그녀는 다른 사람에게 시중을 들어주거나, 집에 가고 싶어 하는 사람들에게 "집에 가면 뭐가 좋다고 그래. 며느리 생각도 좀 해 줘야지."라며 설교하기도 했습니다. 늘 활동적으로 움직이며, "여기는 규칙적으로 생활할 수 있고, 마음이 편해서 좋아."라고 말하던 그녀는 항상 기분이 좋아보였고 늘 웃는 얼굴 이었습니다.

그 외에도, 샤미센(三味, 세 줄의 현을 댄 일본 고유의 현악기. 옮긴이 주)을 들고 와서 모두에게 연주를 들려주는 사람, 스케치북에 그림을 그려 보이는 사람, 묵묵히 서예를 하는 사람, 종이접기를 가르쳐 주는 사람, 친해진 친구와 일정을 맞추어 함께 오는 사람, 다른 사람의 전화번호를 모으는데 열중하는 사람 등 수많은 사람을 만날 수 있었습니다. 만족감이 높은 사람들의

공통점은 자신의 행복을 위하여 자신의 의지로 온 사람들이었습니다.

직원들은 폭력과 폭언을 쓰는 사람을 가장 싫어합니다. 폭력을 휘두르는 사람은 직원이 자신을 때릴 수 없다는 규칙을 잘 알고 있으며, 무방비 상태로 배변 시중을 드는 직원을 아무런 이유 없이 때리곤 합니다. 여직원을 성희롱하는 사람, 인사를 하면 시끄럽다며 소리 지르는 사람도 있었습니다.

인생은 어떤 전환점, 어떤 계기로 여러 갈래 길로 나누어집니다. "내가 이렇게 되려고 살아왔나!" "어쩌다 이런 몸이 되어서……" 누구나 이렇게 자신과 남을 원망해본 경험이 있을 것입니다.

길고 긴 인생에서 죽고 싶을 만큼 슬펐던 일, 억울했던 일이 수 십, 수 만 가지 있는 것은 당연합니다. 그러나 살아있으니 감사하다고 긍정적으로 생각하면 말과 행동이 180도 달라질 수 있다고 나는 믿습니다. 바로 이러한 사고 전환이 인생의 전환점으로 이어집니다.

사람이란 태어나면 늙고 병들어 저세상으로 떠날 숙명을 안고 살아갑니다. 이 숙명에서 벗어날 수 있는 사람은 아무도 없습니다. 단지 이 숙명을 받아들이고 이해하는 것만으로도 남은 인생이 크게 달라질 수 있다는 느낌을 지울 수가 없습니다.

91

## 간병 받을 때 실천해야 할 10가지 팁

지금까지 소개한 내용을 포함하여 시설(자택에서도)에서 잘 지내기 위해 필요한 10가지 팁을 나름대로 정리해 보았습니다. 어디까지나 '나를 위해서'라고 생각하고 실천합시다.

1. 누군가 보살펴 주는 것을 당연하다고 생각하지 않는다.

2. 간병해 주는 사람에게 불평하지 않는다.

또 불쾌한 느낌을 주지 않도록 주의한다. 그러나 의견이나 희망은 확실하게 전한다.

3. 상대를 존중해 준다.

가능한 상대가 편하게 간병할 수 있도록 협조한다.

4. 스스로 할 수 있는 일은 도움받지 않는다.

몸을 움직이는 습관은 재활에도 도움이 된다. 남을 돕는다는 것은 의사소통의 한 방법이며 자신의 심신 건강에도 도움이 되므로 가능하면 다른 사람을 돕는다.

5. 소일거리를 찾는다.

취미도 좋고 수다도 좋다. 무엇이든 즐길 거리가 있는 사람은 시설생활에서 만족도가 높다. 아무런 낙이 없는 사람은 모든 일에 불평불만하기 쉽고 쉽게 화를 낸다.

6. 자기 이야기만 하지 않는다.

자기 자랑만 하는 사람은 누구나 싫어한다. 자기 이

야기만 하고 남의 말을 듣지 않으면 대화상대가 사라지고 만다. 그래도 자신의 이야기가 하고 싶을 때는 시설 직원이나 사회복지사 등 전문가에게 하는 것이 좋다. 자원봉사자도 좋다.

### 7. 폭력, 폭언은 절대금지다.

폭력, 폭언을 하는 사람은 시설 직원(다른 이용자들도 마찬가지)이 가장 싫어하는 유형이다. 물론 성희롱도 절대 금지.

### 8. 자신의 요구사항을 정확하게 전달한다.

무엇이 필요한지 말하지 않으면 아무도 알 수 없고 해 줄 수도 없다.

### 9. 감사의 마음을 반드시 표현한다.

"감사합니다."만으로 족하다. 말을 할 수 없는 상황이면 미소, 마음을 담은 눈길, 악수도 좋다. (내가 시설에서 근무할 때 방을 돌아다니며 "힘든 점 없으세요?"하고 물으면 "와 주셔서 얼굴을 보는 것만으로도 좋습니다." "정말 안심이 됩니다."라고 말해 줄 때가 가장 기분이 좋았습니다. 부족하지만 내가 남에게 도움이 되는구나, 라는 생각이 들면서 가슴이 행복으로 젖어왔습니다.)

10. 시설에서는 서비스가 돈이라는 생각을 잊지 않는다.

시설의 차를 이용하게 될 때, 외출에 직원이 동반해 줄 때 등 사람의 도움을 받으면 비용이 발생하는 것은 당연하다고 생각할 것.

# Part 07 가족과의 만남과 이별

## 92
# 부모와 자식, 너무 가깝지도 멀지도 않게

고령자 중에는 언젠가는 자식과 함께 살 거라는 꿈을 접지 못하는 사람이 적지 않습니다. 그리고는 실현될지 알 수도 없는 꿈을 위해 유지하기 벅찬 집을 지킵니다. 꿈을 갖는 것은 나쁘지 않지만, 과연 자식들도 부모와 같은 꿈을 꿀까요?

고령자(65세 이상)와 자녀가 함께 사는 비율이 매년 줄고 있습니다. 노인장기요양보험 등급판정 심사회에 의하면 1980년에는 비율이 거의 70%였는데, 1999년에는 50%에 미치지 못했으며 2005년이 되자 45% 이하로 떨어졌습니다. 2007년 개인적으로 실시한 조사만 보더라도 30%를 밑돕니다.

또한 18~34세 미혼남녀를 대상으로 한 항목에서는 30대에 부모와 함께 살기 원한다는 대답이 불과 7%에 지나지 않았고, 50대가 되었을 때 그렇게 했으면 좋겠다는 비율이 약 10%였습니다. 부모 재산은 받지

않아도 좋으니, 노후에 의지하지 말아달라는 것이 자식들의 솔직한 속마음인 것입니다.

우리나라에서는, 2006년 (주)코리아리서치센터에서 전국 거주 만 20세 이상 성인남녀(제주 제외) 1000명을 대상으로 실시한 '고령화 사회와 효 가족문화에 대한 국민의식' 설문조사를 했습니다. 이 설문조사에서 드러난 한국인의 효 인식은 한마디로 마음 따로 몸 따로 '이중적' 이었다고 볼 수 있습니다. '효의 가치가 얼마나 중요하다고 생각 하는가' 라는 질문에 98.4%의 절대 다수가 '중요하다' 고 답한 반면 '(부모님과 따로 살고 있는 경우) 부모님을 얼마나 자주 만나느냐' 는 질문에는 응답자 중 42.1%가 '명절이나 특별한 날에만 만난다' 고 대답했기 때문입니다. 급변하는 시대상황 속에서도 전통 가치인 효 문화에 대한 긍정적인 인식은 대체로 유지되고 있지만 실제도 가족 간의 교류는 매우 적다는 사실을 잘 보여주는 결과입니다. '(부모님이 생존해 계신 경우) 현재 부모님을 모시고 살고 있는가?'라는 질문에 67.2%가 '따로 살고 있다'

고 답했고, '가장 바람직한 부모 봉양 형태는 무엇인가' 라는 질문에는 '책임 있는 자녀가 모시되 경제적 부담은 자녀 모두가 부담하는 것이 좋다.' 는 답이 가장 많았습니다. (43.1%). 부모님 공양에 대한 전통적인 인식 또한 변화하고 있음을 보여주는 지표들입니다. 50대 계층에게 노년기에 자녀와 동거할 의향을 묻는 항목에는 '가능하면 따로 살고 싶다' 는 의견(79.1%)이 '가능하면 같이 살고 싶다' (20.9%)보다 4배 가까이 많은 것으로 조사됐습니다.

93

## 서로 지나치게 의존하는 것이 문제

**실제로** 있었던 이야기를 소개 하겠습니다. 먼저, A씨는 부모와 함께 살기 전까지는 서로 사이가 좋았다고 합니다. 그런데 함께 살게 되면서 사이가 나빠져

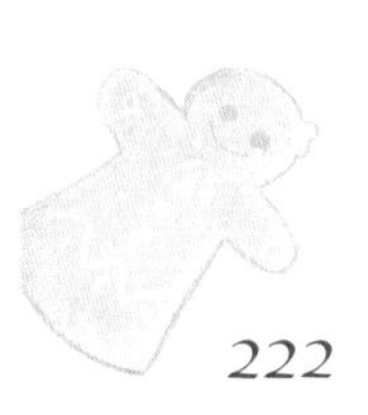

집안 분위기는 살얼음판을 걷는 것처럼 위태로워졌습니다. 이런 집안 분위기에 짓눌려 남편과 아이들이 스트레스를 견디지 못하게 되자 결국에는 연로한 부모를 남겨두고 다시 따로 살게 되었습니다. 그러나 관계는 이미 예전 같지 않았고 서로 소원해진 건 두말할 필요도 없습니다.

이번에는 혼자 사는 아버지 병구완을 위해 함께 살게 된 B씨의 이야기입니다. 그녀는 아르바이트마저 그만두고 간병 생활에만 몰두하다가 간병 3년째에 결국 쓰러지고 말았습니다. 한밤중에 의식을 잃고 구급차에 실려 갔습니다. 다행히 건강상 심각한 상황까지는 가지 않았지만, 예전의 쾌활한 모습은 찾아볼 수 없습니다. 부모를 시설에 맡겼다는 자책감 때문에 정신적으로 큰 충격을 받았던 모양입니다. 그러나 이 경우는 간병에 지쳐 학대를 하거나 동반 자살하는 사건에 비하면 그나마 최악은 면한 셈입니다.

## 94
# 자식에게서 떠나기를 권함

정부가 실시한 국민의식조사에 의하면 자녀와 함께 살기를 희망하는 부모(60세 이상)가 2005년에는 46.7%로 다수파였습니다.

그런데 해를 거듭할수록 그 비율이 감소하고, 자식과 따로 살기를 원하는 부모가 증가하는 추세를 보이고 있습니다. 그 이유에 대해서 '생활습관 차이', '서로 신경 쓰는 것이 힘들어서', '자식에게 부담이 되고 싶지 않아서', '서로의 사생활을 존중하고 싶어서'라는 대답이 많았습니다.

이런 결과가 나온 것은 저출산 · 고령화 사회가 진행되면서 노후관이 많이 변했기 때문입니다. 부모에게 의존하는 캥거루족이 늘고 있다는 말도 들리긴 하지만, 아무튼 자식과 떨어져 살려는 부모가 늘어가는 현상은 바람직하다고 할 수 있겠습니다. 부모가 자식에게 의존하지 않고, 자식이 부모에게 의존하지 못하

도록 하는 것이 원만한 부모자식관계의 비결일지도 모르겠습니다.

## 95
## 자식에게 마음 약한 어머니들

오랜만에 친구들이 모였습니다. "나이가 들면 아무래도 경제력이 있어야 돼." "우리 고모 말씀이 돈이 없으면 얼굴이 없는 거나 한가지라고 하셨어." "남편이 먼저 가서 많이 울었지만, 지금은 화려한 미망인이 되었지." "아이들은 커서 독립했고, 남편 연금으로 사는데 지장 없어. 시부모님 모시느라 고생도 많이 했지만 지금이 최고로 행복해." 여기까지는 행복한 경우입니다.

다음은 각자 주변에서 일어난 비참한 이야기들이 연달아 나왔습니다. A씨는 빚더미에 앉은 아들을 보다 못해 예금을 전부 내주고 그것도 모자라 보험도 해

약해서 주었습니다. 지금은 생활비 때문에 고생하고 있답니다. B씨 아들은 사업을 한다고 은행과 친척한테 돈을 꾸었지만 파산했습니다. 연대보증을 섰던 B씨는 집이 넘어가고 연금도 압류되었다고 합니다. 이번에는 C씨. 아들이 신용카드를 너무 많이 써서 이용대금을 갚느라 사채를 썼는데, C씨가 예금을 털어 모두 갚아주었습니다. 그녀는 그 충격으로 입원하고야 말았답니다. D씨는 '보이스피싱'에 걸려들었습니다. 아들이 여자문제로 재판하는데 급전이 필요하니 송금하라는 사기전화에 속아서 노후자금 전부를 한 순간에 날려버리고 말았습니다. 끊임없이 나오는 이야기들에 나는 너무도 충격을 받았습니다. 체력과 판단력이 점차 쇠퇴해가는 노후에 내게도 이런 일이 일어나지 말라는 보장이 없습니다. 아들을 향한 끈끈한 모정 때문에 이런 문제들이 일어나는 것이겠지요. 나 역시 내 자식이 귀하고 사랑스럽습니다. 어머니란 존재는 목숨을 걸고 자식을 낳고, 또 목숨을 걸고 자식을 키웁니다. 자식을 위해서라면 불 속이라도 못 뛰어들겠습니까. 사자는 새끼를 강하게 키우려고 절벽에서 떨어뜨린다고 합니다. 우리 어머니들도 자식의 자립심을 키우기 위해 때로는 엄격하고 냉정한 모습을 보여주어야 합니다. 그러나 그것이 잘 안 되는 것이 어머니라는 존재의 특성입니다.

세상에서 버려져 비참한 몰골이 된 내 아들을 나라도 구제해주어야 한다는 마음은 숭고하지만, 그것이 오히려 자식이 자립하는데 해가 될 수 있습니다. 부모와 자식이 함께 불행의 구렁텅이로 빠져서야 되겠습니까? 나는 나, 자식은 자식, 서로 다른 인격의 소유자들입니다. 그러면 자식이 매달릴 때 어느 선까지 도와주어야 할까요? 어려운 문제입니다. 사람 따라 경우 따라 다르기는 하겠지만, 꽃에 물을 너무 많이 주면 뿌리가 썩듯이 자식이 그렇게 되는 일만은 피해야 한다고 생각합니다.

## 96
# 남겨주려거든 강한 정신을

자신의 장례식 장면을 머릿속에 한번 상상해 보십시오. 자식이 당신 영정 앞에서 눈물을 흘리고 있습니다. 그 눈물이 어머니의 죽음을 슬퍼하는 눈물이 아니라 '돈줄이 끊겼다'는 서운함에 대한 눈물이라고 생각하면 등골이 오싹해집니다. 아무리 부모가 자식을 엄격하게 대하더라도 그것이 자녀를 위한 것이라면 언젠가 자식은 (설령 부모가 죽은 후에라도) 그 진심을 알 것입니다. 틀림없이 부모에게 감사하는 마음을 갖게 될 것입니다. 금전적인 원조를 끊었다고 부모를 원망하는 자식이 있다면, 그건 부모가 자기 가슴을 치며 자식 교육 잘못시킨 것을 반성할 대목입니다.

자녀 교육은 지극한 애정을 주는 한편 필요할 때는 엄격해야 합니다. '비록 재산은 물려주지 않았지만, 살아가는 힘을 물려주셨다.' 고 기억되는 부모가 되었으면 합니다.

## 97
# 형제자매와 다시 한 번

주위에서 보면 형제자매라고 해서 모두 사이가 좋은 것 같지는 않습니다. 특히 유산 등 금전적인 문제가 얽혀 관계가 악화되는 경우가 많습니다. 신문에서 피비린내 나는 형제간의 다툼을 보곤 합니다.

그러나 이렇게 극단적인 경우도 있지만 보통은 나이 들어 혼자 살게 되면 형제자매가 사이좋게 지내던 유년시절이 그리운 것이 인지상정입니다. 그러나 현실적으로 각자의 삶에 열중하다 보니 마음의 문을 열고 허심탄회하게 이야기를 나누기 힘든 것 또한 사실입니다. 그럴 때는 부모의 제사 등 모일 수 있는 계기를 자주 만드는 것도 방법입니다. 부모를 추억하며 눈물을 흘리다보면 서로 옛날 마음으로 돌아가서 의외로 관계가 회복되기도 합니다.

한편, 형제가 남만도 못하다며 될 수 있는 대로 만나지 않으려는 사람도 적지 않습니다. 피는 물보다 진하다는 말이 있지만 혈연이라는 사실 하나로 관계를 이어가는 것은 쉽지 않습니다. 그러나 저승에 계신 부모님을 슬프게 하는 일이 없도록 작은 노력이라도 하는 것이 좋겠습니다.

기댈 곳 없는 고독한 노후를 생각한다면, 가장 가까운 형제자매와 관계를 소중히 지켜나가는 것만큼 좋은 것이 또 있을까요?

## 98
# 손자는 즐거움을 주는 존재

예로부터 조부모한테 손자는 무조건 귀여운 존재라고 했습니다. 그야 자신이 손자를 책임지지 않아도 되기 때문이지요. 그러면서도 '손자는 올 때 기쁘고 떠날 때 기쁘다.'는 말도 있습니다. 몇날 며칠을 손자들과 함께 지내다 보면 시달려서 정신이 하나도 없지만 어느 정도 거리를 두고 만나면 손자처럼 사랑스러운 존재는 없습니다. 나 또한 그렇습니다.

내게는 손자가 3명 있는데, 가장 어린 5살배기 남자아이는 늘 방긋방긋 웃는 얼굴이 작은 보살님 같습니다. 초등학교 4학년인 여자아이는 피아노를 잘 쳐서 "너는 나중에 피아니스트가 되려나보구나!"라고 말해주곤 합니다. 초등학교 6학년 남자아이는 유머감각이 넘칩니다. 내가 전화를 해서 "할머닌데."하면 잘 알면서도 모르는 척 이렇게 대답합니다. "어느 할머니요?" "예쁜 할머니."라고 내가 하면 "우리 할머닌 안 예쁜데요."라고 능청을 떱니다. 나는 "우리 손자는 어린데도 센스 만점!"이라며 좋아하는 팔불출 할머니가 됩니다. 이렇게 귀여운 손자를 선물해준 자식들에게 고맙고, 그들이 무사히 자라길 바랄 뿐입니다.

얼마 전 남편을 잃고 혼자 사는 친구 K에게 전화를 했습니다. 오랜만에 식사라도 같이 하고 싶었는데 그녀는 주말은 곤란하다고 했습니다. 주말에 만나서 느긋하게 시간을 보내고 싶었던 내가 안 되는 이유를 묻자, “주말에는 근처에 사는 둘째 딸이 애들을 데리고 우리 집에 와서 자고 가. 요즘은 내가 그 낙에 살잖아.” 수화기 너머로 그녀의 활기찬 목소리가 들려왔습니다. 모두들 손자사랑이 대단하다고 생각했습니다. 손자를 위해서라면 무엇이든지 해 주고 싶은 것이 할머니, 할아버지의 마음이지만, 언젠가 그들도 우리들 애완동물 노릇을 졸업할 날이 옵니다. 마음의 준비를 단단히 하고 손자와 함께하는 지금 이 순간의 행복을 누립시다.

# Part 08 죽음을 준비하다

## 99
# 죽음 앞에 누구나 평등하다

7장까지는 '어떻게 노후를 살아갈까?'라는 주제로 이야기를 풀어 왔습니다. 그러나 아무리 행복한 노후를 계획하고 실행해도 노후에서 절대 빠뜨릴 수 없는 것이 하나 있습니다. 바로 '죽음'입니다. 노후는 죽음으로 완성됩니다.

자신의 죽음을 상상하는 것은 힘들고 어려운 일이지만, 때로는 산 사람 보다 죽은 사람이 더 오래 사람들의 기억 속에 새겨진다는 사실이 작은 위로가 됩니다. 여러분은 당당하게 죽음을 맞이할 자신이 있습니까? 바로 지금 다가올 죽음의 순간을 깊이 생각해 볼 필요가 있습니다. 정말 그때가 왔을 때 당황해서 허둥거리지 않도록 말입니다.

죽으면 그만이라고 생각하지 말고, 죽는 그 순간까지 자기 인생에 스스로 책임감을 가져야 합니다. 아무 준비 없이 갑자기 죽음을 맞지 않도록 건강할 때 계획

을 세웁시다. 준비는 아무리 일찍 시작해도 나쁠 것 없습니다.

100

## 건강할 때 장례식을 준비하라

어떤 장례식을 원하는지 가족이나 친구에게 이야기해 놓거나 유언장에 기록해 놓습니다. 자신의 장례를 치러줄 사람들을 위해 얼마간의 돈을 준비해 놓는 것도 예의입니다.

최근에는 전문적으로 장례식을 지원하는 회사가 모든 것을 다 해주긴 하지만 그래도 그 정도의 돈은 준비해 둡시다. '하와이에 뼛가루를 뿌려 달라.' '수목장(樹木葬)을 원한다.' 등과 같이 특별한 장례를 원한다면 사전계획과 비용준비가 필요합니다.

아무런 준비도 해 놓지 않고 장례식장에서 하자는

대로 따라다보면, 남은 가족들이 나중에 청구서를 보고 당황할 뿐만 아니라 비용을 놓고 옥신각신하게 되는 경우가 다반사입니다.

'무지개회'에서는 상주 경험자, 목사, 스님, 장의사, 평론가를 패널로 모시고 '장례를 생각하는 심포지엄'을 세 차례 열었습니다. 이 심포지엄에서 배운 내용이나 내가 실제로 겪은 경험으로 장례는 역시 사전에 철저하게 준비하는 것이 최선이라는 결론을 얻었습니다.

사전에 준비하는 것이 왜 좋을까요? 무엇보다도 타당한 가격으로 정성어린 장례식을 치를 수 있기 때문입니다. 준비가 없으면 생각한 것과는 전혀 다른 장례식이 되어 버립니다. 그렇게 되지 않으려면, 우연히 좋은 업자를 만날 수 있기를 바라지 말고 여러 업자를 직접 만나서 구체적인 견적서를 받아 보는 것이 좋습니다.

우리는, 예로부터 수의를 미리 마련해 두면 장수한다고 믿었습니다. 요즈음은 장례문화가 많이 바뀌어 장례를 준비하는 모습도 많이 달라졌습니다. 과거와 달리 대부분 병원 장례식장에서 이루어지기 때문에 수의나 관을 미리 준비하는 것은 큰 의미가 없을지도 모르겠습니다. 대신 판단력이 있을 때 원하는 종교 의식을 정해 두거나, 매장으로 할 것인지 아니면 화장으로 할 것인지를 선택해 놓습니다. 최근 화장률은 매장률을 추월하여 55%에 달하고 있고 수도권의 경우 75%에 육박하고 있는 추세입니다.

본인의 의지로 매장과 화장에 따른 묘지 구입, 납골당 구입을 사전에 결정해 놓는 것이 바람직합니다. 장례당일 유족들이 결정하는 경우가 태반인데, 미리 준비하면 주위환경을 둘러볼 수도 있고 할인 혜택도 받을 수 있어서 좋습니다.

그 다음에 준비해야 할 것은 영정사진입니다. 낡은 사진첩에서 아무렇게 꺼낸 사진보다는 내 장례식에 쓸 영정 사진은 미리 찍어서 가족들에게 알려두는 게 좋습니다. 그리고 평소에 연락할 사람들 명단이나 주민등록증, 의료보험증, 각종 증명서(기초생활수급자

증명서, 국가유공자증 등)의 보관 장소를 가족들에게 알려 둡시다.

상조보험 등을 미리 들어두는 방법도 있는데 최근 상조회사의 부실로 피해를 보는 가입자가 늘고 있습니다. 보험회사의 상조보험은 사망 시 보험금을 받게 되고, 상조회사 상조서비스는 장례와 관련된 물품과 서비스를 받습니다. 상조보험은 금융감독원의 관리를 받고 예금자보호 대상이 되지만 상조회사는 그렇지 않기 때문에 자신이 원하는 서비스가 무엇인지 확인해보고 가입하기를 권합니다.

여러분은 어떤 계획을 세우셨습니까? 형식은 종교의식에 따라, 연락할 사람은 가까운 가족만, 등으로 정할 수 있겠습니다. 어떤 형식이 되었든 사전준비, 견적서는 필수입니다.

## 101
# 영정사진 준비

장례식에 쓸 사진을 스스로 골라 놓읍시다. 보통 결혼식 사진을 찍는다고 하면 큰돈을 들여 스튜디오에서 촬영하지 않습니까? 장례식도 관혼상제라 하여 한 사람 일생으로 보면 최대 이벤트 가운데 하나입니다. 멍한 표정에 흐릿한 사진으로 적당히 써서야 되겠습니까? 유족에게 기대하지 마십시오. 갑자기 찾아온 큰일에 우왕좌왕하다가 아무 사진이나 적당히 고르게 됩니다. 그러니 미리 사진을 골라 놓거나 사진 스튜디오에 가서 멋진 사진을 찍어 놓는 것이 좋습니다. 스냅사진도 좋습니다. '무지개회' 회원들은 벌써 프로 사진가를 모시고 저렴한 가격에 '그 날을 위한 사진'을 준비해 놓았습니다.

102

# 죽는 것도 마음대로 되지 않는다

**친한 친구** J의 시어머니는 입원한지 1년 만에 병원에서 98세의 일기로 생을 마감했습니다. 입원하고 3개월 되었을 무렵 걱정하던 대로 치매가 와서 가족 얼굴도 분간하지 못하게 되었습니다. 주사바늘을 마음대로 뽑고, 기저귀를 빼버려서 침대에 묶이는 신세가 되고 말았습니다. 임종 전에는 영양소와 산소를 공급하는 튜브, 배설물 튜브 등 여러 개의 튜브를 몸에 달고 계셨습니다.

의식도 없고 몸도 움직일 수 없는 식물인간이지만 영양분과 약이 몸으로 들어가니까 심장은 뜁니다. 다시 건강해질 거라 바랄 수 없는 상황이니 가족들은 언제 숨을 거두실지 몰라 대기하는 처지가 됩니다. "시어머니가 너무 가여워. 언젠가는 돌아가실 텐데 저렇게 온 몸에 튜브를 꼽아놓고……"

J는 가슴아파하며 울었습니다. 존엄하게 죽음을

맞이하지 못하는 비참한 광경에 나도 마음이 아팠습니다.

103
## 존엄사를 선택한다는 것

**아무런** 준비도 없이 돌연사하는 것도 싫지만 의식이 없는 상태에서 그저 튜브에 연명하는 것은 더 싫습니다. 일본여론조사회에서 실시한 '의료문제 전국조사'에 의하면 '연명치료를 바라지 않는다.' 라고 대답한 사람이 89%였습니다. 존엄사에 관한 법률은 현재 없습니다. 아무리 본인과 가족이 원해도 마음대로 할 수 없는 현실입니다. 2006년 3월, 토야마 현에 있는 어느 병원에서 연명치료를 중지한 것이 사회문제가 되었습니다. 이 일을 계기로 '후생성'(국민복지와 관련된 업무를 보는 일본의 국가기관. 옮긴이 주)과 '일본 의사회'가 말기연명치료에 대한 규정을 만들기 위해 힘쓰고 있습니다. 우리들은 하루빨리 이 법이 제정되어 스스로 죽음의 시기를 정할 수 있는 날이 오길 기다립니다.

한편, 우리나라에서도 2009년 김 할머니의 연명치료 건으로 해서 존엄사 논쟁이 일기도 했습니다.

104

## K씨 이야기 - 아름다운 임종

93세에 돌아가신 K씨는 한 지방도시에서 불편 없이 살다가 남편과 사별한 후 함께 살자는 장녀의 권유를 받아들였습니다. 그때 K씨는 딸에게 이렇게 자신의 마음을 전했습니다. "이렇게 늙은 사람과 함께 살면 재미가 하나도 없을 텐데 같이 살자고 말해주어서 고맙구나."라고 말입니다. 그리고 살고 있던 집을 정리해서 장녀가족과 함께 살았습니다.

K씨의 딸은 "어머니는 오페라를 너무 좋아하셔서 하루 종일 음악만 듣고 계시면 그것으로 만족하시는 분이에요."라고 말했습니다. 하지만 몇 년이 지나자 그녀는 오페라 아리아도 부르지 못하게 되었습니다. 그 무렵 K씨를 만났습니다. 내가 "불편하신 데는 없으세요?"라고 물으면 그녀는 "덕분에 늘 행복합니다. 고맙습니다. 또 찾아와 주세요."라며 가느다란 손을 내밀며 악수를 청했습니다.

그녀의 딸은 "어렸을 때 어머니는 제가 자세가 흐트러지면 대나무 자로 때리시던 무서운 분이셨어요. 그런데 같이 살게 되면서 어머니는 늘 '행복하다, 행복하다' 라고 하셨어요." 몸이 많이 약해지고 기억력도 흐려지게 된 K씨가 마지막까지 했던 말은 "행복합니다. 고맙습니다."였습니다. 늘 쓰던 말이라 잊지 않은 것이겠지요.

그녀는 항상 '연명치료는 하지 말아 주십시오.' 라는 글을 써 가지고 다녔습니다. 마지막 순간이 왔을 때

인공호흡기가 한 번 사용되었는데, 그녀의 딸은 '어머니의 인생 마지막 소원입니다. 어머니 요구를 들어주십시오. 자녀 모두 동의합니다.' 라는 내용의 탄원서를 의사에게 제출했습니다. 그리고 인공호흡기는 제거되었습니다. 내가 찾아갔을 때 그녀는 "매정한 딸이라고 생각하시겠죠?"라며 흐느껴 울었습니다. K씨는 이런 딸을 두어 얼마나 행복했을까, 또 그녀는 이렇게 좋은 어머니에게서 태어나 얼마나 행복했을까 하는 생각이 다시 한 번 들었습니다.

항상 다른 사람에게 감사하고 불평불만 하지 않으며 품위 있는 말과 행동으로 기품이 무엇인지 가르쳐주신 K씨. K씨를 생각하면 늘 "행복합니다."라는 말이 떠오르고, 그 말이 나를 따뜻하게 감싸주는 느낌이 듭니다. 나는 평생 그녀를 잊지 못할 것 같습니다. 그녀가 준 행복과 그녀가 가르쳐준 삶의 기품을!

105
# 유산 분쟁을 막으려면

재산이 '지나치게 많은' 경우란 없습니다. 재산이 아무리 많아도 유산으로 남겨두면 상속을 둘러싼 분쟁이 일어나는 것을 흔히 봅니다. 미처 장례식이 끝나기가 무섭게 자식, 친척이 달려들어 유산 분쟁을 시작합니다. 재판으로까지 번지고 형제 인연을 끊는 경우도 귀가 아프도록 들려옵니다.

W씨의 이야기를 소개합니다. 골절이 되어 더 이상 혼자 살 수 없게 되자 결혼하지 않은 그녀의 둘째 딸이 한걸음에 달려와 주었습니다. 그 딸은 W씨를 위해 헌신적으로 간병을 했습니다. 결혼한 장남과 장녀는 그녀에게 본가의 집과 토지를 모두 양보할 테니 어머니의 간병을 맡아서 해달라고 당부했습니다. 둘째 딸은 마지막까지 W씨 곁을 지켰습니다. 틀림없이 W씨는 둘째 딸의 헌신적인 도움으로 행복한 최후를 보냈다고 생각합니다.

그런데 W씨의 장례 절차가 일단락되자 나머지 형제들은 본가 집과 토지를 나누자는 쪽으로 의견을 몰아갔습니다. "이야기가 다르잖아. 오빠들이 상속을 포기한다고 하지 않았어? 나는 이제 갈 곳도 없는데!" 라는 둘째 딸의 말에 형제들은 "그런 약속한 기억이 없는데?"라며 묵살했습니다.

결국 그녀의 주장은 증거가 뒷받침되지 않아서 기대하던 상속을 받을 수 없었습니다. 이런 경우 형제가 균등하게 상속받게 됩니다. W씨가 있었다면 고생만 하고 제대로 보상받지 못한 둘째 딸을 생각하며 얼마나 슬퍼했을까요.

이 경우만 보더라도 유언은 형태를 갖추어 남겨 두어야 한다는 것을 알 수 있습니다. 메모 도 유하다고 하지만 기본적으로 '누구에게 무엇을 상속한다.' 라는 구체적인 내용을 자필로 적고, 날짜, 서명, 날인까지 더해서 남겨두면 좋습니다. 변호사나 성년후견인에게 작성한 유언장을 맡겨두면 안심입니다.

106
# 유언장은 인생 최후의 메시지

유언장은 고쳐 쓸 수 있지만, 일시적인 감정 때문에 고치지 않도록 주의해야 합니다. 사망하면 최후 작성일이 법적구속력을 갖기 때문입니다. 만약 유언장을 쓰게 된다면, '이것이 최후의 결단'이라는 마음가짐으로 작성하십시오.

유언장을 작성하는 일은 지금까지의 인생과 남은 인생, 그리고 사후까지 생각해볼 좋은 기회가 될 것입니다. 또한 나의 소중한 재산을 가장 적합한 사람에게 남겨 줄 수 있고 유산 분쟁을 미연에 방지할 수 있습니다. 한마디로 유언장 작성은 인생을 재점검해보는 작업입니다. 그리고 남은 사람들에게 보내는 당신의 최후 메시지이기도 합니다.

107

# 회고록을 써보는 것도 좋다

**내 인생** 최고의 전성기를 사람들에게 자랑하는 것도 괜찮습니다. 자신이 살아온 증거를 한 권의 책으로 만들어 자손에게 남겨주는 행위는 숭고하다고 생각합니다. 서툰 글씨로 쓰건, 컴퓨터로 쓰건 원고를 쓰기 위해 분투하는 작업은 뇌 활성화에 도움이 됩니다.

출판사 편집자인 친구 I씨는 이렇게 말합니다. “책을 낸다는 데에 의의가 있어요. 잘 팔려서 돈을 벌 수 있을 거라는 기대는 아예 하지도 마세요. 세상은 그렇게 만만치가 않아요.” 나도 이 말에 동의합니다. 책 주제로 자신의 ‘육아 분투기’는 어떨까요? 또는 남편 무덤 앞에 바치기 위해 젊은 시절 주고받았던 러브레터를 엮어 출판한다면 그것도 훌륭합니다. I씨에 의하면 상당히 저렴하게 책을 만들 수 있다고 합니다. 용기를 내어 양심적인 인쇄소와 출판사를 알아보고 만나서 의논해 보십시오. 자기 글이 책이 되어 후세에 전해진다는 것, 정말 멋진 일 아닙니까?

108
## 마지막 할 일

**주변 정리도** 마치고, 신세 진 사람들에게 인사도 나누었고, 장례식과 재산분여 계획도 세웠습니다...... 살아서 할 수 있는 '죽음의 준비'를 모두 마쳤다면 이제 남은 것은 '마지막 가는 길'에 대한 것뿐입니다.

이제 자신의 인생을 한번 뒤돌아봅시다. 못다 한 일은 없습니까? 이렇게 가도 후회가 없을 만큼 인생을 즐기며 살았나요? 화해해야 할 사람은 없습니까? 만약 마음에 걸리는 일이 있다면 그냥 두지 마십시오. 마지막 가는 길에 가져가지 마십시오. 다른 사람을 배려하는 것도 좋고 깨끗하게 주변 정리를 하는 것도 좋지만, 가장 중요한 것은 바로 당신이 회한 없이 떠나는 것입니다.

## 109
## 오늘을 최후의 날처럼

꼭 만나야 할 친구는 없습니까? 꼭 해야 할 일은 없습니까? 다시 한 번 생각해 봅시다. 임종이 임박한 순간에 생각이 나면 그건 너무 늦습니다. 건강한 지금 생각해서 즉시 행동에 옮겨야 합니다. 다소 시간과 돈이 들더라도 마무리를 지어 놓는 게 좋습니다. 아무리 훌륭한 인생이라도 사소한 일로 흠집이 남을 수 있습니다. 아직 시간이 있을 때 후회 없도록 하나씩 정리합시다. 그리고 티끌만큼도 후회가 없다는 확신이 생겼다면, 지금부터 '마지막 날을 어떻게 보낼까' 상상해 보십시오.

소파에 앉아 천천히 차를 마시고 싶다, 누구누구와 함께 이야기를 나누고 싶다, 정원 손질을 하고 싶다, 등등 무엇이든 좋습니다. 마음이 정해졌다면 지금 당장 하십시오. 이렇게 하면 아쉬움 없이 떠날 수 있는 마음의 준비는 모두 된 것입니다.

만약 당신이 임종을 앞두고 혼수상태에 빠졌다 하더라도, 당신은 이미 자신의 의지로 후회 없는 최후의 날을 보냈습니다.

## 110
# 죽기 전에 해야 할 일 11가지

앞의 내용과 중복되는 것도 있지만 다음과 같이 죽기 전에 해야 할 일 11가지를 제시합니다.

1. 신변정리

40세에 노화가 시작된다는 걸 처음 알았을 때 적잖

이 충격을 받았습니다. 환갑 넘기기도 어려웠던 시절이 그리 오래 된 일도 아닌데, 지금은 65세부터가 고령자라고 합니다. 언제 저세상으로 가도 아쉬울 것 없을 만큼 살아왔다는 것을 자각하고, 신변정리를 해 둡시다.

내 친구는 70세가 되자 옷가지와 식기를 꼭 필요한 것만을 남겨 놓고 전부 기부했습니다. 옷장 속도 깨끗이 정리하고 필요 없는 물건은 전부 처분했습니다. 나중에 다른 사람이 자신의 물건을 정리하게 하지 말고 건강할 때 자신의 손으로 정리합시다.

2. 재산을 확인해 놓는다.

예금통장과 인감을 둔 곳, 금고 여는 방법, 빚의 유무 등 자신만이 알고 있는 재산(빚 포함)에 관련된 내용을 믿을 수 있는 사람에게 미리 말해 놓거나 메모로 남겨둡시다. 또 장례비용도 따로 준비해 놓읍시다. 상조회사에 가입한 사람은 서비스 내용을 확인해 둡시다.

3. 편지

유언뿐만 아니라 신세졌던 분들에게 감사의 편지를 남겨 둡시다. 장례식 때 참석한 사람들에게 들려주고 싶은 메시지가 있다면, 당신이 남기는 인생 최후의 말이 되므로 심사숙고해서 준비해 놓읍시다.

4. 장례에 대한 희망사항

어떤 장례를 원하는지 적어 놓습니다. 상조회사에 가입한 사람은 장례 내용을 정하고 그에 따른 비용도 받아 놓습니다. 가능하면 여러 군데를 알아보아 가격을 비교하는 것이 좋습니다.

5. 유언

유언은 남은 사람들에게 보내는 러브레터입니다. 유산이 있으면 분쟁이 일어나지 않도록 사전에 조정해 놓아야 합니다.

예를 들어, '○○는 나를 간병하느라고 수고했으니 유산 얼마를 남겨 놓는다.' 라든가, '○○는 몸이 건강하지 않으니 도와주기 위해 얼마를 남겨 놓는다.' 등의 내용입니다. 납득할 수 있는 이유가 적혀 있다면 분쟁도 줄어들 것입니다. 유언장은 자필로 써야하며, 작성일, 서명, 날인을 잊지 않도록 합니다. 재산이 많다면 변호사와 의논하여 공증을 받아두는 것도 현명한 방법입니다.

### 6. 연명치료에 대한 본인의 생각

회복 가능성이 없을 때 연명치료를 희망하는지 본인의 의지를 확실하게 밝혀둡시다. 바라지 않는다면 그 내용과 작성일을 명확히 적고, 서명과 날인을 해서 늘 지니고 다닙니다. 만일 염려하던 사태가 벌어졌을 때 의사의 승낙을 얻기 위해 필요합니다.

### 7. 성년후견인제도

판단력이 없어질 경우를 대비하여 성년후견인제도를 이용합시다. 법률사무소에서 안내받을 수 있습니다. 물론 계약을 하게 되면 요금이 발생합니다.

### 8. 하루 계획표 짜기

남은 시간은 그리 많지 않습니다. 매순간을 헛되이

쓰지 않기 위해서는 반드시 계획표를 짭니다. 충실한 하루를 보내는데 도움이 될 것입니다.

9. 1년 계획표, 10년 계획표 짜기

하루 계획만큼 장기 계획도 중요합니다. 장기 계획을 짜면 한정된 시간 안에 할 수 있는 일이 명확해지고 정해진 목표를 향해 노력할 수 있습니다. 계획표는 곧 목표 목록입니다. 목표를 성취했을 때 느끼는 성취감은 수명 연장에도 도움이 됩니다.

10. 후회를 남기지 않는다.

죽기 전에 하고 싶은 일 가운데 으뜸은 먹고 싶은 음식을 먹기, 가고 싶은 곳 가기, 만나고 싶은 사람을 만나기입니다. 이렇게 하고 싶은 일을 하는 것과 '훌륭한 삶'과는 전혀 다른 문제입니다. 모쪼록 뒤늦게 후회가 남지 않도록 좋아하는 일을 적극적으로 합시다.

11. 즐기기 위해 돈을 쓴다.

장례비용과 입원비가 준비되었다면 남은 돈은 즐기는데 써도 됩니다. 하고 싶은 일을 참으며 모아둔 돈이 결국에는 기저귀 값, 환자복 값으로 사라지지 않도록 말입니다.

## 끝을 맺으며

여러분은 힘든 여건 속에서도 최선을 다해 자기 인생을 살아온 훌륭한 여성들입니다. 시부모님을 모시고 남편과 자식들을 뒷바라지 했으며, 연세 드신 부모님 간병도 도맡아서 했습니다.

요즘은 세상이 많이 달라져 남녀평등이 보편화 되고, '남녀고용기회균등법' 등과 같은 법의 도움으로 여성이 다양한 삶을 누릴 수 있게 되었습니다. 하지만 여전히 현실은 크게 달라진 것이 없는 것 같습니다. 많은 여성들이 자신을 돌볼 겨를도 없이 가족을 위해, 가정을 지키기 위해 하루하루 고군분투하고 있습니다. 그렇게 지내다 보면 어느새 자식들은 성장해서 독립하고, 부모님은 저세상으로 떠납니다. 이제 겨우 살 만하다 싶으면 기다리는 것은 고독한 노후입니다.

나는 여러분에게 이러한 환경 변화와 현실을 부정적으로 받아들이지 말라고 당부해왔습니다. 생각을 바꾸어 긍정적으로, 밝게, 그리고 건강하게 인생을 즐길 수 있는 지혜와 실천방안을 모아 이 책 안에 담았습니다.

여러분이 어찌해야 할지 몰라 막막할 때, 어려움에 부딪혔을 때 이 책이 조금이나마 도움이 되기를 바랍니다. 그럴 수만 있다면 내게는 더할 나위 없는 기쁨입니다.

마지막으로 출판사와 편집자 여러분께 진심으로 감사의 말씀을 드립니다.